ADVICE　39

人生無言時讀老子

在人生轉捩點，老莊思想給你的40則新指引

田口佳史◎著
葉廷昭◎譯

木馬文化

■導讀

人生再出發的新動力

蔡家和　東海大學哲學系教授

東方哲學深受儒、釋、道三教影響，其中的儒家、道家是東土自己開出，一般也稱為陰、陽文化。中國哲學陰、陽文化源自《易經》之學，儒家為仁者，道家為智者，儒家表現其陽剛，道家表現其柔順。而道家文化之主幹在於老子與莊子，展現出高度的人生智慧。人生有順境也有逆境，在逆境時，便會自省，此時道家的智慧特別能夠給予人生一股再出發的動力，所謂「反者道之動」。在人們躓仆之際，或是失敗了，或是無法再進步了，這時就要回到本根，再度沉潛，重新蟄伏，道家思想提供了涵蘊新生的養份。

本書作者田口佳史，寫過儒家文化，也體會過道家思想，感受到中國文化的博大精深，尤其在人生的沉吟裡，領會出以儒、道之學來面對生命的順與逆。作者是在二十五歲那年，正是年輕的時候，應該沒有太多的抑鬱或是諸如「遭逢鉅變」這樣的念頭吧！豈料就在這時，發生了意外事故，遭受水牛攻擊，受到嚴重傷害，人生起了波瀾。於此之際，作者翻起了《老子》一書，這樣的人書相遇，像是突然在狂嘯汪洋中捉住了一葉扁舟——作者稱它為「清涼劑」，生命至此有了轉機。儘管不諳文言文，作者卻能與之相契！老子的話語，穿越千年的時空，慰藉了他的心田。

這是超乎語言與大腦思議外的會悟，可說是「玄之又玄」吧！但這種驚喜，是那麼平易、輕盈地進入到每個人的生命裡。低頭瞧瞧自己，「我」其實只是個很平凡的存在，面對生命，並沒有太多的奇想，也許人生正遭遇不如意。然而，只要你願意靜下來，細心地去感受、觀察《老子》所揭引的生命高度或觀看角度，便能跳脫平素思維的桎梏，重新擁有一股豐沛的生命能量與智慧！這一次，你已不同凡響，這一次，你將成為有經驗的舵手，嘗試滑過生命的彎口或陷落；學著用「清明之眼」來審視周遭一切，並蹈至「絕對自由而美妙的境地」。這便是作者想要和大家分享的喜悅！

至於老子所開出的清涼劑帖，簡明來說有下列幾點：

一、少欲知足：禍莫大於不知足。若如陶淵明，門前五柳足矣，此中生趣盎然，何需為五斗米折腰。

二、雙向思考：不固執己見，多層面了解、衡量，有創新思維，亦能涵容多方；有希望，也該預期失望。

三、循常法而行：不強求，寄望於自然。所謂「企者不立」，踮腳而行，反而不穩，不如回到自然。

四、無用之用：大樹之為大，是其無用所致；若有用，則生長過程中就會遭人砍伐取用，不成其大。無用者，意謂不出賣自己以求合於他人，雖不合用於他人，卻能成就自己。成就自己真實的存在，才是至寶。

五、物壯則老，柔弱常保：柔弱與老弱不同，前者如赤子，後者如老衰之人。物一旦強壯，也達於顛峰，即要走下坡，勇敢者可能先遇到不測，此即不道。守柔者，才能保持生命力不斷，留存空間而持續開展，不走極端而至絕境。

六、無為而無不為：「無為」不是不作為，而是順任自然，去除人偽。例如，領導者相信、順任部屬之專長，不以外行領導內行，適才任用，不以己意干涉其中；領導者無常心，以部屬之心為心，久之自有佳績。

七、功成身退：審時度勢，能放能收，才是明哲保身之道。如韓信的功成而執功、功高震主，以致橫禍；張良則悟人事不宜，於是假託神仙道術，全身而退，悠遊林澤。

也許《老子》要我們珍惜的，便是一種跳脫現況（困境）、不隨俗起舞，並由此開啟另一清靜、溫柔的生存智慧。在這樣的境地裡，物、我無傷，皆得保全，並因此獲致豐盈，不依賴外物並且或能進一步周全一切。

本書作者以其自身經歷及體會款款寫來，筆觸輕鬆而帶著深刻的理解，正對生命並提出一番哲人式的追索。因應現代心靈、環境需求而提出關鍵的思考點，例如對幸福的追求、自我行為以及物我關係的重新審視，這些都可說是《老子》智慧在當今社會的絕佳詮釋，至於如此靈光虛心的應用萬方，就待讀者的發掘與品味了。

作者簡介

台灣基隆人，一九六八年生，中央大學哲學所博士畢業。現任東海大學哲學系教授，擔任過《東海文學院學報》等刊物編委及主編。主要的研究方向為老莊哲學、宋明理學，包括陽明心學、王龍溪哲學、程朱學，及明末清初的哲學，如王船山、黃宗羲等人。

目次

第二篇 價值的無言——不被外在雜音干擾

第六篇 心境的無言——以高人的領域為目標

■前言

在人生的轉捩點上，你需要老子

「你活得愉快嗎？」

聽到這個問題，不曉得有多少人會面帶笑容表示肯定？大多數人都是苦哈哈地否定，或是一副愁眉不展的表情，說自己活得一點也不開心。不然就是直接撇過頭，不想聽到這種無聊的問題吧。

「別說愉快了，根本只有痛苦。」

當今世道艱辛，也許不少人都苦於一種孤臣無力可回天的閉塞感吧。平時我會召開講座傳授東方思想，尤其教授老莊思想時，很多人都跑來問我一個問題：

「能否活得更輕鬆、愉快、幸福，不必在競爭中受罪，被各式各樣的問題煩擾？」

那些人都想尋求這種心靈上的慰藉。

對此我雖然有些意外，但許多人對老莊思想抱持興趣，仍舊是一件值得高興的事情。從這點可以看出來，他們把自己在困境中發現的問題，視為人生「轉苦為樂」的一大契機。

人類遇到問題會想辦法去處理。所以才能超越問題，開闢出更好的人生道路。那樣的道路也是通往高人之境的途徑。

在這樣的人生轉換期中，老莊思想是非常有益的清涼劑。閱讀本書的讀者，大概也下意識察覺到這一點了。人生中有一些「看不見」的力量，會引導自己前往正確的方向。

要打破閉塞感和痛苦，活得愉快自在，從老莊思想中尋求提示是一個非常良好的選擇。

成功時的儒家，失敗時的老莊

順帶一提，有句俗話叫「成功時的儒家，失敗時的老莊」，我也贊成大家應該分別活用儒家和老莊思想。

儒家和老莊都有「肯定現世」的部分。二者同樣肯定欲望，也肯定揚名立萬或追求財富之舉。

不過在處世方面，儒家思想講求「現狀肯定和改善」，亦即接受現狀尋求改善之道。老莊思想則是「現狀否定」，也就是否定當下狀況，從根本尋求解決之道。

那麼，為何有成敗之別呢？

在工作或人生中，成功順遂的時候基本上沒必要改變做法。只要沒有問題，我們就該乘勢攀升。所以，要用「現狀肯定和改善」的儒家思想。

反之，在諸事不順的逆境中，也需要完全革新做法才行。逆境中仰賴儒家思想，只會盲目努力而看不到癥結，走向錯上加錯的不歸路，帶來嚴重的苦果。諸事不順皆因做法有誤，我們必須改變做法。

以「現狀否定」的老莊作為思考依據，主動反省「我的思維是否有誤？」「我的做法是否不妥？」「我是否被各種制約束縛？」如此改變根本才是正道。

配合不同狀況，分別運用儒家和老莊思想，正是所謂「成功時的儒家，失敗時的老莊」。當各位感覺自己諸事不順時，不妨尋求老莊思想的睿智。

關於儒家思想，我已寫過一部《論語的一言》，和目前這本書共同閱讀，以中國兩大古典思想為軸，必能掌握愉快人生的關鍵。

險死還生，巧遇老子

我個人是在「人生最落魄」之際遇上老莊思想的。

那是四十多年前的事了。當年二十五歲的我，在泰國曼谷郊外的某個農村拍攝記錄片，性情一向溫馴的水牛突然向我衝了過來。

無能為力的我就這麼遭殃了，水牛角撕裂我的身體，害我受了重傷內臟外流。我在生死之間彌留十日之久，奇蹟似地活了過來。

話雖如此，重生後才是地獄的開始。我的身體沒有康復的跡象，無盡的劇痛令我痛苦難當，我好幾次放棄活下去的希望。我抱著病急亂投醫的心情，拿起前來探病的好友帶給我的一本書——《老子》。

書中的內容是用文言文和古日文寫下的，過去不諳中國古典思想的我不可能看得懂。說也奇怪，那些困難的語言卻讀來毫無罣礙、深得我心。

很不可思議對吧？大概是我追求生存意念的靈魂，和《老子》那本書中的文字力量，產生了一種常理難以解釋的共鳴吧。那些教導我生存希望的字句，就是如此強烈。

有了這份經驗，我在講授老莊思想時，總是告訴我的學生：

「不要執著解釋每一句話，也不要只學習當中的理論，試著去感受看看。所謂的老莊思想，是人類要在根本上重視的東西。用心感受那些看不見、聽不到、抓不到的東西，自有一番美妙益趣。」

其實，我替本書命名「無言」，其真意也就在這裡了。

一言以蔽之，老子講述的正是「無」這個概念。在我們生活的社會中，充斥了太多肉眼可見的東西，那是屬於「有」的世界。不過，這個「有」的世界，是「無」的無形世界所育化的。

「無中生有」——

所以，老子說回歸虛無是很重要的。

另外，老子認為「語言不足以依靠」。好比我們要詳盡說明眼前的茶碗，卻只能表現一小部分，代表語言是有界限的。

那該怎麼辦才好呢？直接拿起茶碗，放在兩手中用心體會即可。手中的感觸，會讓我們「實際」感受到茶碗的一切。

實際感受所得知的，稱為「體悟」。意思是切身領悟，老子說這才是真正重要的事物。

我們在表達或理解事物時，習慣仰賴語言。可是，不過度重視語言，才能掌握超越語言的理解力，要重視實際感受帶來的體悟。這正是「無言」的意義了。

本書也會遵循這個方針，不會逐句細說《老子》《莊子》的文字。而是請大家比對自己遭遇困難、迷失生活方向的處境，來感受老莊的思想。我想用這樣的考量，來向大家介紹老莊留下的字字珠璣。

《老子》分上下卷，共八十一章，約五千四百字。上卷「道經」和下卷「德經」合稱《道德經》或《老子道德經》。

另一方面，承襲老子學說發揚光大的《莊子》，有內篇七篇、外篇十五篇、雜篇十一篇，是一部六萬五千多字的大作，特點是多以寓言示理。

「活著就很了不起了！」

我從老莊思想得到的生活法門，簡單說就是這句話而已。

「活著就很了不起了！除此之外別無所求。」

不論在任何情況下，抱著這種想法心情才會海闊天空，真正感到人生充實豐富。

聽我這樣講，也許有人會問：「這不是逃避困難嗎？」「你是要我們捨棄欲望？」「該不會要放棄往上爬吧？」

各位你們誤會了，事實正好相反。

遭遇再大的困難，都要秉持著「這沒什麼好煩惱」的平常心接受事實，如此一來就不會煩惱眼前的事物，被世間的價值觀或規則束縛而迷失自我。

應該說，用清明的雙眼審視自己的生活方式吧，我稱這為「絕對自由的境地」。

請各位注意，我在「自由」上面加了一個「絕對」。重點不是跟別人比較、跟其他事物比較而得來的自由，「我本身」就是自由的。

一旦掌握這種感覺，即可坦然面對困難或痛苦，藉以磨練自己，遵從自身的心思愉快生活。要達到高人的領域，遊戲人生也絕非難事。

對此，可能各位還沒什麼頭緒吧。總之了解老莊思想，大家一定會切身體會到「活著就很了不起！」的生活方式，也是達到高人領域的方法。

許多受講生一開始都認為，只是活著哪裡了不起了？現實根本一團糟。久而久之，他們也漸漸認同我的話，深受老莊思想的吸引了。

「越了解老莊思想，對事物的看法和思考方式也越不同了，感覺好輕鬆喔。我似乎找到了生活的方向。」

事後，我常聽到受講生發表這樣的感想。我想，他們跨出了愉快生活的第一步吧。

這世上有很多被喻為「高人」的人物，其實他們都是老莊思想的實踐者。舉個簡單的例子，棒球選手鈴木一朗就是我所關注的「現代的老莊思想實踐者」。除了他以外，我也打算介紹某些相關的一流人物。

希望各位讀完本書後，內心都會萌生「老莊思想的生活之道」。

田口佳史

第一篇

人生的無言

——以「道」為本

指引 01

人從哪裡來？

我先問各位一個問題：

「你們認為宇宙萬物有其根源嗎？」

我想大家的答案都是肯定的吧。

若沒有根源，那天地是從何而來？我們居住的地球又從何而來？包含自身在內的生物又從何而來……否定根源就等於否定一切的存在。

只是，我們平常不會在意萬物的根源是否存在，也不會計較自己從何而來的問題。大家都知道自己生而在世，必定有創造的源頭，卻又不曉得源頭是什麼東西。

老莊思想探究這種飄渺的知覺，將萬物的根源視為「道」。老莊思想在中國稱為「道家思想」即由此而來。

說白了，「道」就相當於宇宙萬物的母親。現實的自我，是仰賴父母之助出生的，但追本溯源，在超越時空之境有「道」這個萬物根源，各位請先熟悉這樣的概念。

換句話說，每個人都是道的一部分。

饒是如此，「道」不可見、不可聞、不可觸及。然而，我們又確實感受得到，道就是這種存在。

打個比方，就像河川的源流吧。

我以前，有去找過自家附近的多摩川源流，看著潺潺流水而心有所感。

「源流湧生無數水滴匯聚成河，河水孕育周遭的草木和生命，想必『道』也是這樣的存在吧。」

不了解「道」為何物的讀者，不妨去造訪水流湧現的泉源吧，相信一定會有感悟的。

指引 02

有開始就有結束的旅程

要理解「道」，就得提到一句表達老子生死觀的話。

出生入死

第五十章

我等來到世上，都是「道」的一部分。降生的瞬間，也就是「出生」了。於是我們度過人生，在人生的某個時刻折返，最後回歸「道」。佛教稱呼僧人之死為「入滅」或「入寂」，老莊思想則稱為「入道」，回歸大道懷抱即為死亡之意。

我曾受瀕死的重傷，在「隨時都可能歸西」的情況下讀到這句話，頓時有萬般感觸。原本內心充斥死亡的恐懼，立刻就煙消雲散了。

「原來，死亡不是去遠方、也不是去什麼恐怖的地方，而是回歸故鄉的母親懷抱。」

我現在就像來到這個世界旅行，任何人外出旅行，最終都是要回家的。我們遊歷人生，死後就回歸『道』這個故鄉了。」

當我這樣想後，心情就暢快許多了。

把人生視為外出旅行，會感到痛苦或不便也是在所難免的事情。因此「好好旅行就很了不起了！」在不利的狀況下苦中作樂，以更愉快的心情持續旅程。所謂的旅行，不正是這樣的東西嗎？

一想到自己有應當回歸的故鄉，生存意念也就越來越強了。

「人生，是一場離開大道而歸於大道的旅行。」

有這種觀念就不會貪生怕死，失去生存的氣力了。

盡情品嘗人生這趟旅行的酸甜苦辣，多帶一些「趣聞」回歸故里。說不定大家還會萌生這樣的心情吧。

「道」是我們的根源，也是幫助我們開懷生活的支柱，這點請務必牢記在心。

「道」是生存的指南

另外在老莊思想中，效法萬物的根源「道」來生活，才是人類自然的生活態度。

《老子》說「德」是「道」的呈現，並闡述該如何修得體悟。

為何要以「道」為本呢？

「道」是萬物的根源，這就好比呱呱墜地的嬰兒，也是模仿父母而成長。

這話聽起來很複雜，簡單說「道」既是萬物的根源，那麼來自根源的人類向「道」尋求生活指南也是理所當然的事。

這便是與「道」共行。

《老子》一書中總是強調「我」，例如「我」怎樣思考、「我」如何生活、「我」當重視什麼等等。無關環境或周遭的想法，但求一句：

「我自求我道。」

由於這個觀念的確立，我們才能以「道」為本，來度過自己真正的人生。實踐「與道共行」的有德之人，必得「道」之奧援。「道」雖然無私，卻會幫助有德之人或有德之行。

對此「第七十九章」已有明示，請大家好好體會下面這句話：

天道無親，常與善人。

指引03

來一趟輕鬆的旅行

前面也說過，「道」的外形我們看不見，「道」的聲音我們聽不到，「道」沒辦法觸及，更不可能掌握。

換言之，萬物的根源、一切存在最重要的本質「道」，其實就是「無」。

老子盼望我們理解「無」的存在。體悟「道」所呈現的「人性本質」，踏向與「道」共存的幸福人生。

這裡看重的是，能否生而歸於「無」。

就某種意義來說，死亡也是歸於「無」。不過，如果死亡才算歸於「無」，那就等於活著沒有意義。所以，這裡才會看重生而歸於「無」。

從「無」拓展的廣大世界

那好，生而歸於「無」究竟是怎麼一回事？在日本文化中，有兩個例子可供說明。

其一，奉行老莊思想的江戶時代文人，松尾芭蕉詠唱過一首俳句：

獨聽櫓擊漣漪，寒夜凍我心腸，難忍潸然淚下。

生於伊賀上野（現今三重縣伊賀市）的芭蕉，在三十歲到江戶時，才決定要成為俳句詩人。然而，當時江戶的俳句詩人相當於男藝伎，在宴席之間替人表演助興，芭蕉對這樣的生活方式很是失望。

後來他開始從事水道工的事業，也算小有成就。不過，這種「明明想當俳句詩人，卻在從事水道工作」的狀況一直無法滿足他的心靈。

到這裡為止，都還算是司空見慣的話題。世上有很多人放棄自己的夢想，從事與夢想無關的工作。

轉念及此，芭蕉認為反正是事業，就這樣生活下去吧。但他最終還是拋棄了事業和家族，全神貫注在俳句上。那年他三十七歲了。

芭蕉是五十一歲亡故的，三十七歲已是他的晚年了，這是一個不小的決心。

於是，他向經營江戶第一魚鋪的弟子，討了一間小屋住下來。那間小屋就是日後被稱為「芭蕉庵」的地方。

開場白說了不少，總之芭蕉搬到那間小屋後，在寒冷的冬夜詠唱了前面那首俳句。我個人認為，那首俳句的情景是這樣的：

「我拋棄了一切，也不曉得能否順利成為一個俳句詩人。不對，我連有沒有辦法養活自己都是問題啊……」

芭蕉在薄棉被裡受凍發抖，忐忑不安地度過失眠的夜晚。

黑暗中，他在枕邊聽到往來河川的船舶，搖櫓和水波濺起的聲音：

「嘰……、嘰……、噗嚕、噗嚕。」

聽起來就像生命消逝，或人之將死的哀號；彷彿在暗示自己的人生遭遇了驚濤駭浪。

寒冷、恐懼、不安，澆熄了芭蕉的熱腸，他不自覺地掉下淚來。挨餓受凍的自己，唯一有的溫暖也就剩下這滴清淚了。

意境很深遠對吧，當中體現了芭蕉生活窘困的心境，以及對未來感到惶恐不安，向淚水的溫暖尋求慰藉的可憐模樣。

過去芭蕉的作品，說句不好聽的話，都是純粹描寫眼見情景的淺薄詩句。直到他拋棄一切盡歸於「無」的那一刻，他看見了至今看不到的東西，聽聞了至今聽不見的聲音，抓到了至今難以掌握的東西。

所以，他才創作出了這麼棒的佳作。

生而歸於「無」，就是這個道理。

真要說來，芭蕉成了一位「高人」，踏入了常人無法一窺堂奧的專業領域。

他提升了自身作品的高度與視野，這正是所謂的「高人之境」。

以芭蕉為例，各位就不難了解，「無」看似失去了一切，實則不然。「無」拓展出了廣大無邊的世界，帶給我們無與倫比的豐足與幸福。

我們的生活過得豐衣足食，卻在肉眼所見的有限世界中煩悶不已，絲毫沒有一點自由。不過，當我們失去一切盡歸於「無」，自有取之不盡的富饒。也可以說，老莊思想是要我們反思，究竟要選擇哪一種富足。

有些學生聽了這段話，問我一個問題：

「我知道拓展視野是怎麼一回事了，但一想到芭蕉詠唱這首俳句的狀況，不免令人感到痛苦。我不覺得他得到了安穩生活的幸福，這又該如何理解才好？」

提出這個問題的人，還不在少數。

他們說得也沒錯，芭蕉的心境非但不安穩，甚至充滿了不安與痛苦。

可是也正因為如此，他才獲得了一窺堂奧的自由。不安與痛苦，化為他創作的動力。

優秀作品問世的那一刻，心靈自當暢快，那種狀態才是最棒的幸福。

從這個角度來看，我想各位就知道「歸於無」的意義了。

當然，現實問題在於，我們無法「捨棄一切，歸隱山林」。重點是在煩惱困苦的時候，就算沒有真的歸隱山林，精神上也要當一個歸隱者來遁入「無」的境界。

這也是茶聖千利休訓示的，「市中山居」的思考方式。

有時候，保持「身在都會中，心住山林裡」的想法也是一個不錯的選擇。

捨棄不必要的東西

生而歸於「無」的另一個例子，就是名為「松林圖」的屏風畫了。

這件作品是長谷川等伯繪製的，他是活躍於安土桃山時代到江戶時代初期的畫師。上面畫的則是晨霧中的松林。

這幅畫乍看之下，各位可能會以為也不過幾棵松樹而已，哪裡稱得上松林了？然而我們依稀感覺得到，待晨霧散去後即可看到一片蒼鬱的松林。

長谷川等伯「松林圖屏風」藏於東京國立博物館

倘若忠實畫出一片松林的景象，那純粹是肉眼所見的有限世界，沒有深遠的意境。沒有畫出整片松林，才能給人松林無限的印象。

希望各位不要忘記，這種讓人感受到「無」的意境，在日本藝術的傳統中生生不息地流傳了下來。

反觀我們的人生，這幅畫是在教導我們捨棄多餘事物的重要性。看到這幅畫，我們知道名聲和面子都是不必要的東西，重要的是我們該如何自處，心靈不自由活著也沒有意義，何苦計較周遭的眼光呢？

「人啊，來到這世上不帶身外之物，是絕對自由的。活得愈久，就帶上了愈多不必要的東西。重新進入『無』的境地吧，好好想想自己掌握『絕對自由』後該做什麼。」

接觸了芭蕉的俳句和長谷川等伯的繪畫，相信大家都能聽到老子這般循循善誘，請仔細體會一下吧。

指引04

理解人生不能只靠語言

道可道非常道　第一章

這是《老子》開宗明義的第一句話。綜觀中國古籍，第一句話都是有意義的，形同闡述了整本書的要義。

老子的重點是，當我們用言語說明「道」，那就已經不是「道」了。

試圖用語言理解「道」的讀者，一定覺得自己被狠狠打臉了，這句話是何用意呢？

其實老子想說的是，語言有其極限，不是那麼可靠的東西。

例如，有人不曉得寶特瓶飲料是什麼，你要負責解釋給對方聽，請問你會如何解釋？

大概沒有人能說出滿意的答案吧。參加我座談會的來賓，也支吾其詞地說：「寶特瓶就是像瓶子一樣的透明容器，外形接近圓桶狀，裡面裝了冰冷或溫熱的飲料……」難以給出一個寫實明確的回答。

這也代表用語言來理解事物，是何等不自由的手段。

那該如何是好呢？老子說：

「人類要了解真正重要的東西，得靠體悟才行。」

這才是答案。

以寶特瓶飲料為例，就是要實際看過、摸過、打開蓋子喝過才行。沒有實際經歷一切，並不算真正的了解。

一言以蔽之，這叫「實地主義」。我們要親自去觀察和接觸，才能了解現場的狀況。這便是本章標題所言的「體道」，實際感受大道之意。

反省自己是否被名稱或頭銜迷惑

這是一個「虛擬實境」的時代，很多我們沒有見過、聽過、經驗過的事物和現象，我們卻自以為了解。這一個問句，就是老子在警告我們這些現代人的謬誤。

接下來我們看這一句話。

名可名，非常名。無名，天地之始。有名，萬物之母。

「各位是否被名稱或頭銜所惑？不排除這些東西，就掌握不了事物的實相和真理。天地育化之初，根本也沒有天與地的稱呼方式。

由於無數的萬物誕生，量多而難以細究，這才取名以資辨別，稱號本身沒有意義。」

老子是用這種方式，告訴我們「語言是何等不可靠」。

的確，我們常用名聲或頭銜來判斷別人，認定位居頂點的一定是了不起的人物。或許毫無地位的人，才真正擁有卓絕的人品。

不受名聲所惑，仰賴自身五感來體察自己和別人的「真實面貌」。這才是老子要告訴我們的重點。

前面我用了好幾頁，細說分明幫助大家了解「道」，多少也有些空虛的感覺。我寫的那些文字道理，純粹是幫助大家理解的媒介而已。

請大家細細品味後，努力體驗和感受「道」。這樣學習老莊思想才有意義。

指引05

世上沒有「好壞」之別

習慣「以自身五感體悟」後，便可多方面觀察世間萬象。前面的「第一章」還有一段話是這麼說的：

故常無，欲以觀其妙；常有，欲以觀其徼。

一般來說是這樣寫的，但也有不同的斷句方式。

「故常無欲，以觀其妙；常有欲，以觀其徼。」

我個人認為，第二種斷句方式比較合乎要旨。

意思是說：「無欲之心方見妙諦，有欲之心則見徼亂。」

所謂的「妙」是人類社會最高等、優良、清秀、神聖、透徹之意境。相對的，「徼」是眾生在欲海爭奪的混濁之世。

這裡該注意的是，老子並沒有說「妙」為善，「徼」為惡。兩者同樣出自「道」，並無善惡之別。「道」不會替自己育化的萬物分辨高低。善惡的價值觀，可能會妨礙我們照見事物的本質。老子是說，成為一個知「妙」又知「徼」的人才是最重要的。

如此一來，我們才能看到至今不明的東西，進入「無」的領域。換句話說，我們要洞悉「無」和「有」的世界。更進一步解釋，我們要從「無」的世界窺見「有」的世界，或是從「有」的世界，反窺「無」的世界，藉此拓展自己的視野。

觀望不一樣的風景

為什麼這一點很重要呢？因為這才不至於「受眼前的欲望擺佈，而迷失自己最重要的東西」。

從不同的角度看事情，我們才會從愚蠢的作為中醒悟，發現自己真正當為之事。

只從某一面觀看世界是不行的。

讀到這部分，各位是否露出了會心一笑呢？老子沒有替「妙」和「徼」分高低，這種價值觀還滿新鮮的對吧。

實際上，在我的學生之中，也有人發表下面的感言：

「按照思想書的邏輯，應該是叫我們效法『妙』才對。其實不是的，老子似乎在跟我們說『不必刻意改變自己，只要多注意其他價值觀就好。』要是他只否定我們眼中無『妙』，那實在滿痛苦的。不過，他提醒我們還有一個『妙』的世界，帶給我們直視自己的勇氣。」

誠如那位學生所言，我們平常看到的多半是「徼」。在欲望橫流的世界中，我們早就看到不想看了，大家都很清楚那是怎麼一回事。所以，努力尋覓「妙」的一面也不錯。

「洞察世間萬物交織的森羅萬象，隨心度過自己的人生吧。」

教導我們這種生活指南，也是「道」的作用。

第二篇

價值的無言

——不被外在雜音干擾

指引06

愈年長反而愈失去勇氣？

大家常說「年紀愈大腦袋愈頑固」對吧？

人類在成長的過程中，會逐漸被「俗世的枷鎖」束縛，並且受到世間的價值觀影響，習慣以固定觀念或既成概念來看事情，思考也就變得越來越狹隘了。

年歲增長伴隨著知識和經驗的增加，本來我們的看法和思維應該更加靈活才對。遺憾的是，這些知識和經驗通常只有反效果。

上一章也說過，如果我們無法洞察「看不見的東西」，就會受一般的世俗觀念影響而起分別心，再也無法保有客觀的視野。

我在授課時，常有學生提出這類問題：

「每個人成長的文化環境都不同，眼界和思維受局限也是理所當然的吧？」

「世人都有老莊思想的視野或許是一件好事，但曲高和寡難免顯得格格不入，不會活得很辛苦嗎？」

依我來看，會有這些問題本身就是思維被多方「束縛」的證據。他們這麼說意味著「成長是一種束縛」，被束縛的人最終只會「迷失自我」。

受到某種程度的「俗世枷鎖」束縛，這確實是理所當然的，有時候我們也需要片面的思考方式來適應環境。

在這樣的日常生活中，時而拋開一切「束縛」歸零，亦即回歸赤子之心的狀態，反省自己的人生也是很重要的。

其實，赤子之心正是老子的理想。

含德之厚，比於赤子

第五十五章

這句話是說「有德之人就像嬰兒一般。」接下來的文章則說明其理由。

「嬰兒不會被毒蟲螫咬，也不會被野獸或猛禽侵襲。嬰兒的骨骼脆弱、肌肉柔軟，抓到任何東西卻絕對不會放手。嬰兒不懂男女交合之事，卻有足以勃起的充實精力。嬰兒整天嚎啕大哭，聲音也不會枯竭。其心天真純潔，活力自然源源不絕。」

聽老子這樣講，各位也覺得嬰兒才是人類該有的樣貌吧？嬰兒沒受到世間污染，又充滿生命力，不帶偏見接受一切所見之物，還富有高度的柔軟性。這便是以「道」為本，行厚生之「德」。

以嬰兒的柔軟性為理想目標

不過，人類多半會變得利欲薰心，一到壯年期總想著出人頭地、博得功名利祿。這不但是不自由的生活方式，也是偏離「道」的行為。

老子警告我們這種生活方式的謬誤，與年齡無關。

物壯則老，謂之不道，不道早已。

這段話的意思是，放棄以「道」為本的生活方式，在欲海中爭權奪利容易早死。要避免這種下場，步入壯年也不要忘了小時候天真純潔的自己。

老子在「第七十六章」還有下面的訓示：

人之生也柔弱，其死也堅強。

這裡是說：「充滿生命力的嬰兒富有柔軟性。當一個人愈接近死亡，就會變得愈頑固。」一年紀輕輕就冥頑不靈，這就等於腦袋已經死了。

不被無謂的觀念束縛，常保腦袋的柔軟靈活，正是以「道」為本、不失真我的關鍵。

指引07

人、事、物的真正價值是無法比較的

「第二章」是以下面這句話開頭的：

天下皆知美之為美，斯惡已。

「大家稱讚漂亮的東西，純粹是和醜陋之物相比較的評語。如果有更美麗的事物，人們就會見異思遷了。」

這是老子特有的論述方式，接著老子又說道：

「有和無也是如此，當你自認沒錢，殊不知有人比你更沒錢。長短、高低，一切都是用相對評價來判斷的。況且，聲音和噪音沒有好壞之別，前後更是順序的差異罷了。」

簡單說，老子斷言用比較的方式來評價事物是毫無意義的。

「無為不言」的教誨

人類社會喜歡對許多事物進行相對評價。例如，當我們說自己的工作太困難，那也是和至今的工作相比得來的結果。一旦遇到更困難的工作，我們就會覺得簡單了。

改用相對的思維觀察事物，我們就會發現自己的思想是何等不自由，對事物的本質有多懵懂無知了。

老子提出了下面的主張：

「在觀察事物時，需以絕對的性質來評價。我們該注重那樣東西特有的價值。」

否則，我們對事物的看法太過貧乏，也無法解放自己的心靈。

下一句話則告訴我們，所謂的「聖人」，也就是以道為本的有德之人是什麼樣子。

是以聖人處無為之事，行不言之教

第二章

此乃象徵《老子》的教誨「無為不言」。

「無為」是指順其自然而無作為。思考一下「人為」這個相反的字眼，意思就比較好理解了。

把「人」和「為」這兩字放在一起，就成了「偽」字。這表示以人為的方式推行事物，最終會變成「虛假不實」的東西。

提個最近的例子，「食品偽造事件」就是如此。企業的失策，在於意圖用人為的方式提高食品的價值，這樣做自然不會有好下場。

光看這個例子，我們就能知道「順其自然」的看法和行為有多重要了。

另一方面，「不言」，誠如字面上的意思，就是什麼都不說。話一旦說出口，難免產生相對性的意義，因此保持沉默比較好。

為何「無為不言」是「聖人」的秉性呢？原因是，我們該當效法的「道」就是如此。

「道」實行了育化萬物的偉大行徑，卻不會主張萬物創生是自己的功勞。大道沒有邀功而君臨萬物，純粹是默默地創造一切，這也是有德之人的生活方式。

我常說，當一個人功成名就時，他的事業和公司早已索然無味了。真正重要的是邁向成功的過程，功成名就的瞬間馬上步入下一場挑戰，這才是以道為本的生活方式。

不進行比較，自由地觀察事物

老子說明了「相對的看法」是何等謬誤，莊子也有同樣的論述。在「齊物論第二」中是這麼說的：

物無非彼，物無非是。自彼則不見，自知則知之。故曰，彼出於是，是亦因彼，彼是方生之說也。

整段話一堆「彼」和「是」，大家一定看糊塗了吧，說穿了其實很簡單。

「比較兩樣東西，評判其優劣是沒有意義的。視點不同導致看法不同，每一樣東西的價值沒有優劣之分，彼此是共生共存的。」

同理，莊子認為「生與死」「可能與不能」「是與非」皆是相對性的認知。

「受這些東西擺佈浪費生命，實在太可惜了。要以更自由的角度，同時看待相對的兩樣事物。」

這就是莊子的看法。

另外，他還說成為樞是最高境界。

「樞」是指門板的上下兩端，用來插入轉軸的洞口。意味著轉動門板的機構。

這種門板開闔自由，變化無限。我們應該學習此一道理，保持靈活的視野觀看事物。

更進一步解釋，這個道理是告訴我們，不要整天拿煩惱的事物來比較優劣，好好看重自己現有的資源才是正道。

拋棄相對評價，獲得自由觀察事物的「真知灼見」——人類本就有這樣的優秀智慧，實在不必評比優劣來自尋煩惱，這便是莊子的教誨。

同一章的中段，有句著名的成語叫「朝三暮四」，是指用巧言令色的方式欺騙別人：

養猴的狙公，有一次給猴子吃果實的時候說：「我早上給你們三顆，傍晚給你們四顆。」結果猴子聽了暴跳如雷，他只好改口：「好啦好啦，那就早上四顆，傍晚三顆吧。」沒想到猴子聽了都非常高興。

明明每天獲得的果實數量相同，只不過早上的果實從三顆變四顆，猴子就受騙了。

這也是在提醒我們，相對的看法有多愚蠢。莊子的意思是，不要被眼前微不足道的相對利益影響，要用超越是非的寬宏視野來看待事物。

讀了老莊思想的這些篇章，大家都發現自己平日受到相對的價值觀擺佈，失去了該有的自由對吧。

長此以往，不少人會養成「不進行比較就無法得知價值」的觀念。請各位努力摘下這種「有色」的眼鏡吧。

另外，當你羨慕別人而感慨自己不幸，請務必想起老莊思想的這些觀念。至少可以幫助你擺脫不幸的感覺。

指引08

不斷誇耀自己只會惹怒其他人

世人認為「不好」的事物，有時候從相反的角度來看，反而是「非常美好的東西」。

下一句話體現的就是這個道理。

曲則全，枉則直

第二十二章

這句話常被引用，象徵老莊思想的思考方式。可是，這雖然是老子的教誨，卻也是中國自古流傳的箴言。

前一句的意思是：「樹幹彎曲的木頭無法利用，所以不會遭受砍伐，年輪益增。」套用在人類社會，是指知所進退、不與人爭的人才能屹立不搖。

一般來說，我們都認為良好的人類和樹木比較好對吧？筆挺的樹木能夠加工成好用的木材，工作能力優異的人也會被組織重用。但從「愉快生活」的角度來看，能力好的人純粹是受到壓榨利用罷了，一點也不愉快吧？我們不妨這樣想，與其當一個在社會上有用的人，不如當一個特立獨行、貫徹自己生活方式的人，來避免不必要的爭端，愉快享受生活。

後一句的「枉」是以毛毛蟲為例。毛毛蟲爬行的方式看似伸縮扭曲，其實行進的軌跡十分筆直。

老子想說的是，某些生活方式乍看之下很特殊，反而是走在正當的人生道路上。

狀況好壞取決於自身看法

接下來，老子還說了下面一段話：

窪則盈，敝則新，少則得，多則惑。

「大家都討厭窪地，實則窪地裡有許多礦物和水源。老舊的東西也總是被人嫌棄，殊不知新芽也是出自古木。有些東西反而是稀少才能得到，多了就讓人無所適從。因此東西不是愈多就愈好。」

老子是在告訴我們，不要光用通俗的價值觀判斷事物，有時候要懂得反向思考。這種觀念稱為「抱一」，也是大家必須效法的思維。

一旦掌握了這種思維，不管遇到任何狀況都能心存希望。

老子從中又衍生出了另一個道理。

「汲汲營營彰顯自我，這樣的言行反倒會阻礙大家了解自己真正的優點。不居功自傲才可獲得真正的評價。

再者，那些誇耀自己出身、功績、能力的人，是沒辦法站上頂點的。會有很多人站出來對抗他們，害他們捲入紛爭的漩渦之中。謙恭待人，自然會受人抬舉。

大家最好認真看待『曲則全，枉則直』這句古諺。不四處誇讚自己的長處，別人才會敬重我們的獨特性。」

指引 09

上司對自己的評價讓你徘徊在天堂與地獄？

受人稱讚是件開心的事，反之則令人難過。

我們總是在意周遭的評價，刻意打腫臉充胖子。

我們鞭策自己，只為了出人頭地。

我們努力做自己不喜歡的工作，只為了獲得社會的認同。

現代的上班族，多半都在從事這些行為。老子警告我們，再這樣下去會失去自己人生的主導權。

寵辱若驚，貴大患若身　第十三章

這句話本身，在老子以前的時代就有了。「寵」字誠如「寵愛」一詞，是指非常受到關愛之意。「辱」則是相反之意，指受人冷落，老子告訴我們：

「獲得寵愛就像升天一樣欣喜若狂，受到冷落則像掉入地獄一樣失望。」

這就是所謂的「寵辱若驚」。

大家都有類似經驗吧？例如受到上司關愛就心高氣傲，隔天同一個上司翻臉不理人，就像遇到世界末日一樣失落。

上司的一言一語，讓我們在天堂與地獄間徘徊，這也算是上班族的悲哀吧。由此可見，因為一點小事而一喜一憂的人不在少數。

以自身為主的生活方式

另外，「貴大患若身」是在自我反省，為何要做一些明知有害身心健康的事情。

好比菸酒和甜食都是有害健康的東西，我們卻始終戒不掉。或者，過度追求金銀財寶和出人頭地，導致工作過度身心崩潰。老子說這種行為是：「被眼前的利益迷惑，糟蹋了真正該重視的身體健康。」

很令人感同身受對吧？要懂得珍惜自己，就得先遠離一時的利益或喜樂。

老子還開示：「像這種被眼前利益擺佈而糟蹋健康的人，沒有成為領袖的資格。」

的確，這種人一旦成為領袖，一定也會強迫部下犧牲健康工作，不是一位合格的領袖。

大家常說「身體就是本錢」，這句話說得一點也不假。身體要是報銷了，再怎麼想努力工作也沒意義。我們要好好思考，到底哪一項比較重要。

人生是自己的，被周圍的行動、想法、通俗的價值觀擺佈未免太可惜了。我們應當超越這些東西，保持以自我為主的生活方式。

指引10

這真是你要的生活方式嗎？

《莊子》和《老子》不同，常以寓言來闡述思維，他有一個特徵：「不必在意理論，多多感悟就對了。」

這樣的觀念可說十分濃厚。

因此，書中的每一章篇幅都很長。全部解釋給大家聽就太無趣了，我稍微介紹一個大概就好。

這裡我要講「逍遙遊第一」的故事。本篇是整本書的開頭，可見當中濃縮了《莊子》一書最大的重點。

先說結論吧，莊子透過這個故事說明「從各種束縛當中解放，邁向自由吧。逍遙便是最佳的寫照，保持玩心漫步遨遊吧。」

為何逍遙是最佳寫照呢？理由是在漫步的過程中，映入眼簾的景象無時無刻都在變化。我們可以脫離俗世的偏見，融入自然中自在生活。

其實我們有不一樣的生活方式

我大略介紹一下這個故事的重點吧：

北國有一隻身長數千里的大魚，名為鯤。時機一到，牠就會化為鵬這種巨鳥。其振翅高飛的模樣，如同掩飾天空的白雲。當北海天候惡劣，牠就飛到蒼天育化的南海。

飛在空中的不光是鵬，還有陽光和塵埃等微不足道的小東西，配合造物主的呼吸翱翔天際。天空湛藍無比，真是原來的顏色嗎？會不會是太過遙遠，以至於看起來像是藍色的？從天空俯瞰，同樣也是藍色的嗎？

沒有深邃的大海，就承載不了大船。沒有廣大無邊的天空，鵬鳥就無法飛翔。鵬鳥在沒有任何阻礙的天空，乘風飛向南邊。

蜩和小鳥嘲笑鵬鳥：「我們只要飛到一些小樹上就好了。在樹梢之間飛行，有時候都會掉到地上了，真不知道飛九萬里的鵬鳥在想什麼，飛這麼遠準備食物很辛苦吧？」

蜩和小鳥如斯卑微，牠們懂什麼呢？小「知」不等於大「知」，短命者的「知」遠不及長壽者的「知」。有限的知識和經驗，是無法測度一切的。

殷湯有位國王，也說了同樣的故事（鵪鶉笑鵬）。他問道：「一個人發揮才能盡其官職，替村人造福，行有德之事獲君主賞識。這種只在自己國內努力的作為，豈不和鵪鶉一樣？」

隱世的宋榮子笑著回答：「受到世人稱讚，也不必刻意努力。反之，被人責罵無能，也不必意氣消沉。自己是自己，別人是別人，保有自我而不被世間擺佈才是重點。」

不過，宋榮子又補充：「其實我也尚未悟道。過去列子乘風遨遊十五天復又歸來，但他沒有刻意乘風而行的意思，我卻有意仰賴風，這便是課題了。對待天地萬物一視同仁，超越一切後自然能悠遊人間。」

故事還有下文，總之莊子是這樣敘事的。讀過這些文章的人就算無法逐句理解，多半也有種讀了一部繪本，或是看了一部卡通影片的感覺。各位也憑感覺體悟就行了。

看完「逍遙遊第一」相信各位有不少收穫吧。

「我們必須了解，人生還有不一樣的生活方式啊。不能被自己的立場束縛迷惑，過著墨守成規的生活。」

「我們身上的束縛實在太多了，根本不必活得那麼不自在啊。設法減少這些不自在，追求人生目的也是一種生活方式吧。」

「我想努力獲得功名，完成自己的職務。問題是，這對我來說是正確的生活方式嗎？應該先拋下束縛，稍微思考一下吧。」

《莊子》的偉大之處，就是帶給我們這些反思。

指引 11

幸福就是多做點自己感興趣的事

我替自己養的柴犬命名「阿財」，這個名字其實來自《老子》。

十五、六年前，有段時間我做什麼都不順，當時的我真是個憤世嫉俗的人！

「我的身體有障礙，跟其他健康的人相比差太多了。我沒有財產、能力差勁，周圍的人也不肯諒解我。一切都是他們的錯，全部是社會的錯……」

我把不順的原因歸咎於他人，明明還有很多等著我去發現的美好事物，我卻沒有一件事情感到滿意。

另一方面，我對老莊思想頗有研究，深知自己必須有所改變，這時我才猛然想通：

「我之所以諸事不順，就是心中充滿不平的關係。先拋下不滿，思考有什麼事可以讓我滿意的吧。」

下面這句話，是我拿來說服自己的箴言。

第三十三章 知足者富

文章雖短，常保這種心態是很重要的。滿意現狀、心存感激地生活，不論在任何狀況下都會覺得充滿幸福。

我替小狗取叫「阿財（財富）」，讓這句話深植內心。換言之，每次我呼喚阿財，就會產生下面的想法：

「我還有這隻愛犬，沒什麼好奢求的了。」

同時，幸福感也就油然而生了。

也多虧這個教誨，我現在過著愉快的人生。五十多歲前我憤世嫉俗，阿財喊久了以後，年過六十的我終於「心滿意足」了。

何謂「知足」？

在「第三十三章」的開頭，說明了「知足者富」的道理。

知人者智，自知者明，勝人者有力，自勝者強。

「洞察他人的人智慧卓絕，但還有更高超的境界，那就是了解自己內在人格優點的人。了解自己，就能看穿其他的事物，這才是真正聰明的人。

再者，和別人較勁獲勝的人，多少有點本事。可是，戰勝私欲的人才是最厲害的。」

這些評價在危機降臨時就看得出來了。

例如，公司的經營陷入危機，要選出下一任的領導者。有本事承擔重任的人，都有自知之明的智慧，以及戰勝私欲的堅強。

這種人嚴以律己，不受周圍影響，又有履行義務的能力。大家都相信有這種評價的人，會秉持堅定的心念突破困難。

「知足者富」和這句話是有關聯的。簡單說，聰明克己的人，懂得知足感恩的道理。因此能過上真正富足的人生，還有一句話是這麼說的：

強行者有志，不失其所者久，死而不亡者壽。

「逆勢而為不是好事，重點在知足。死亡後和『道』融為一體，我們的人生會以某種形式傳承下去，這才是真正的長壽。」

我認為老子透過這一章，在表達幸福與不幸都是很主觀的東西。如果你不懂得知足，即使周圍的人都說你很幸福，你也不會感到幸福。

重點在於「知足」，你有多滿意自己的現況，這才是幸與不幸的分歧點。

拯救自己脫離苦海的辦法

就某種意義來說，戰國武將對這些道理深有體悟。他們經常與死亡為伍，每天都有「看不到明天太陽」的覺悟。這種人必定會思考，人生究竟為何？要找出幸福生活的答案，唯有從知足當中追求。

所以他們得以在嚴苛的狀況下，過上幸福的生活吧。

現代社會幾乎和「朝不保夕」的危機感無緣。不過，有很多人心懷不滿，原因不外乎工作不順、上班覺得很痛苦、人際關係受挫等等。

「知足」正是逆境中自救的思維，我給煩惱的人一個建議：

「請寫出五件你做了以後會心滿意足的事情。

好比餵金魚、閱讀在古書店買來的老舊電影雜誌、陪小孩子念書、聽喜歡的音樂……什麼事情都無所謂，各位總有五項興趣吧？

倘若你過去每天只花半小時從事這些活動，請延長到一小時左右吧。

從事興趣的時間增加，哪怕生活中有痛苦的事情，快樂的時光會緩和你的心情。」

不管別人對你的看法或評價如何，只要你認為自己幸福就行了，幸福感是一種主觀認定的問題。

其實《老子》一書中沒提到「幸福」之類的字眼，畢竟這牽涉到「主觀看法」根本沒有討論的必要。老子改用另一種說法開示：

「重要的是如何看待每一刻，試著改變自己的想法，把痛苦轉換成快樂吧。」

這才是老子想說的道理吧。

套用在我先前自述的經驗上，無疑也是拯救我脫離苦海的良方。

指引12

不要總是在意別人對自己的評價

《莊子》的「應帝王第七」有一個關於「混沌」的著名寓言故事。讀了這一篇故事不免令人反思，受到外部情報的影響有多危險。

接下來，我們來了解一下這是什麼樣的故事。

南海的帝王叫儵，北海的帝王叫忽，中央的帝王叫混沌。有一次，儵和忽結伴去找混沌玩，混沌熱情招待他們，他們也思考該如何回報混沌。

「人有七竅，能從七竅裡看事情、聽聲音、吃東西、呼吸空氣。混沌沒有七竅，感覺好可憐喔，我們替他打開七竅好了。」

於是，二人每天替混沌打開一竅。

到了第七天，混沌一命嗚呼了。

混沌被打開七竅前，一直活得自由自在，不受外界的資訊干擾。可是，七竅打開後就被各種資訊折磨。他看清了這個世界，意外丟掉了一條命。

真是一個發人省思的故事，現代人多少會受資訊的擺佈，不時有迷失自我的情形發生。相信大家都很清楚混沌嘗到的痛苦。

每當自己受到資訊擺佈，請想想可憐的混沌吧。偶爾我們需要時間面對心靈，逃避資訊的洪水。莊子是在告訴我們，順從己意生活的重要性。

「至人」是指明鏡一般的人

這個故事的前面，還有一段話如下：

至人之用心若鏡，不將不迎，應而不藏。

所謂的「至人」在老莊思想中，泛指最高明的人，亦即以「道」為本的人。

莊子說至人就像一面明鏡。

鏡子會如實照出前方的事物，既不拒絕也不隱藏。至人就像明鏡，順應自然而生。

「不將不迎」解釋為不杞人憂天、也不追悔過去之事。

換言之，重點還是自然。接受一切發生的事情，掌握絕對自由的境地不受旁人左右，這樣生活肯定比較愉快。

指引13

快樂或痛苦，都可能是一場夢

《莊子》中有許多夢境的話題，把人生這個現實當成夢境，就不會活得煩惱痛苦了。現實與夢境一視同仁，有時候是痛苦時的救命良方。

其中最有名的故事，莫過於「莊周夢蝶」了（齊物論第二）：

莊周（莊子）在夢境裡變成一隻翩翩飛舞的蝴蝶。他好快樂，快樂到忘記自己是莊周了。當他睜眼醒來，發現自己又從蝴蝶變成莊周了。不曉得是莊周在夢境中變成蝴蝶，還是蝴蝶在夢境中變成了莊周……莊周區分自己和蝴蝶的差異，這種觀念物化之後——就是事物的演變之道了。

這個故事該如何解釋呢？我個人認為莊子想表達的意思如下：

「人的一生，其實是夢幻泡影。只要把現在的痛苦當成一場夢，就不會痛苦了。不要太過煩惱，想像自己是在夢境中生活就好，人生不過是這樣的東西罷了。」

另外，記述道家思想的古籍《列子》一書中，也有類似的故事（周穆王第三）：

曾經，有個被當成奴隸使喚的男人。國王從早到晚奴役他，動輒拳腳相向，他真的過得非常痛苦。

男人每天晚上都會做夢，在夢中他成了國王，國王反倒成了奴隸。變成國王的男子，反過來奴役對方。

他漸漸分不清，自己究竟是奴隸還是國王了。

老莊思想要透過這些故事表達什麼呢？我來代替他們闡述一下：

「人類的一生，連做夢的時間也含蓋在內的話，大約是一半一半的時間吧。

光看現實的生活，就整天嚷嚷自己很痛苦、很無聊，這是不是太過狹隘了？我們能在夢境中度過完全相反的快樂生活，說不定我們自以為現實的人生才是夢境，請放寬心胸生活吧。」

夢境與現實何者為真？抱著這樣的心態，不管在任何狀況下都能悠然自處。如此一來，我們不會茫然若失，反而能冷靜沉著地接受現況，更不用擔心迷失自我了。

也許有人覺得，我就是沒辦法這樣想才煩惱啊。老實說，這全看你自己怎麼感悟。不要用理性思考，試著以超越現實的角度反思自我吧。相信你會如釋重負，轉化痛苦為快樂。

指引14

其實你每一天都完成一件美好的事

「田口先生，你的人生過得怎麼樣呢？」

每次有人這樣問我，我都毫不猶豫地回答：

「我每天都過著受人稱讚的生活呢。」

我可沒有說謊，我真的每天都被人稱讚。被誰稱讚呢？被我自己。

大約從三十年前開始吧，我每天在睡前會花五分鐘，獨自靜靜地反思一天的生活，養成自省的習慣。

我大多在思考「今天我做了多棒的事情」「我在某個場合發揮了長處，心情真暢快」「很遺憾，那時候表現出不好的一面，不行啊」之類的。

尤其最要緊的，是刻意稱讚自己。各位每天總會做一、兩件想稱讚自己的事吧？

小事也無所謂，好比幫助同事工作、在期限前完成任務、替上司泡了一杯好茶、說了一則有趣的笑話、在會議上的提案通過了、坐電車時給老人讓座、指引迷路的行人……真的任何小事都行。

自褒自誇真的是很棒的事情，你會想做一些更值得稱讚的行為，並且發現該做什麼事才能獲得稱讚。每天這樣反省自己，也就降低了迷失自我的風險。

請各位在每天結束前，找個可以入定的安靜場所，養成自我反省的習慣吧。然後，盡量稱讚自己。

就算是充滿痛苦的一天，有了這個「儀式」相助，內心就會產生開朗迎向未來的念頭，不必擔心迷失自己。

第三篇

欲望的無言

——「小欲」通達「大欲」

指引15

大家的願望，是你真正的願望嗎？

「我想踏上菁英之路，成為人生勝利組。」

「我想多賺點錢，在高貴的物質環境中享受奢侈的生活。」

「我想成為受人尊敬的人。」

許多人都擁有這樣的人生目標，並且把達成目標的欲望轉化為動力拚命生活。

擁有這些欲望確實很重要，但請稍微止步反問自己一個問題吧。

「那些觀念在世俗風潮中，被當成有價值的東西，所以我們才祈求那些願望吧？但那是我們真正的期望嗎？」

「當我們達成目標，死命抓著成功與名聲不放，會不會是一件很痛苦的事？」

如果答案是否定的，你很享受達成這些目標的過程，那也沒關係。我在前言也提過「成功時的儒家，失敗時的老莊」，一帆風順時沒必要改變做法，繼續勇往直前就行了。

反之，如果你不知道那是不是自己真正的期望，或者你努力得身心俱疲，遇到了諸事不順的瓶頸，做什麼事都有心無力的話，那我勸你最好重新反思一下。你有可能「努力過頭」了。

人類是充滿欲望的生物，做事常有太過火的傾向。因而導致身心俱疲或問題叢生，請把這些問題視為「道」提出的警告。

老子在「第十九章」中，對為政者提出三道勸戒：

絕聖棄智，民利百倍。

絕仁棄義，民復孝慈。

絕巧棄利，盜賊無有。

「我們不需要偉人，也用不著知識和智慧。拘泥這些東西，制定出規範讓人民遵守，就得投入大量的人力、物力、財力去整頓社會體制。所以絕聖棄智才是為人民好。

另外，整天提倡仁義，代表世上缺乏仁義。捨去仁義，人民自然會重拾孝心與慈愛。

也請捨棄小聰明或眼前的利益吧，不替事物界定價值，人民就不會起貪盜之心了。」

光是這樣解釋還不夠充分，老子還用一句直指核心的箴言概括總結，進一步說明執著欲望有多愚蠢：

見素抱樸，少私寡欲。

這是一句非常有名的箴言。

上一句是言明樸素的好處，告訴我們純樸生活的重要性，不要把精力和財力，耗費在虛榮和名聲之類的表象上。後一句則是要我們壓抑自私自利之心，減少俗氣的欲望。

對儒家思想的反駁

題外話，這個部分其實也是在反對儒家思想。儒家思想將仁義、智慧、孝道、慈愛視為理想，老子對此另有見解：

「這都是很理所當然的東西，正因為沒有人做得到，你們才整天掛在嘴邊嚷嚷，老實說根本沒有提倡的必要。」

老子是以反諷的方式點明這個道理。

「第十八章」如實表現出老子對儒家的反駁，我們再來介紹一下好了。

大道廢，有仁義；智慧出，有大偽；六親不和，有孝慈；國家昏亂，有忠臣。

人類理想面貌的背後，代表了大道廢弛才不得不提倡仁義；智慧與謀略是人為過度干預的產物；整天說著孝慈的重要性，代表親人之間的關係不好；臣子榮獲忠臣之名，代表國家陷入了危局。

言歸正傳，「第十九章」中這一連串的箴言，不光是對為政者說的。老子也是在提醒利欲薰心、求勝心切的現代人吧：

「不要被世俗的價值觀影響，抱有莫名其妙的欲望。沒有那些欲望，才能過上更充實的心靈生活。單調知足的生活，才是以『道』為本的生活方式。」

老子告訴我們這個道理，好讓我們明白積極生活和追求欲望是不一樣的。

指引16

想要的太多，生活、事業反而更混亂

在「道」的面前萬物都是平等的。換言之，「道」有敉平世間的作用。這件事用「玩沙」來形容大家就懂了。我們千方百計將細沙堆積成堅固的小山，或是死命挖洞製造水池，過一陣子整片沙地又會恢復原狀。大道有這種調和的作用，下面一句話明示了這個道理：

高者抑之，下者舉之。

第七十七章

套一句古諺就是「棒打出頭鳥」的意思。仗著優秀的能力和氣運嶄露頭角，要是太過囂張行事，很有可能粗心大意或招致怨恨，造成一敗塗地的下場。

套用在企業上也是如此。社會上常有營收增加的企業，胡亂投資新事業而失敗的例子，或是自滿地犒賞員工去海外旅行，導致業績突然下滑。

這些現象發生的原因在於，「道」對於偏頗的事物會進行調和。這便是「道」的功能「損有餘而補不足」。沒有能力和氣運的底層，最終也有出人頭地的機會，「上天的巧妙安排」指的就是這麼一回事。每次我講到這件事，就有人問我：

「在現實生活中，萬一好運持續下去，我就很擔心『好事不可能持續太久，差不多該有壞事發生了。』相反地，倒楣的事情接二連三，我就開始期待『也許好運快來了。』你指的是這種感覺對吧？」

他們說的雖不中亦不遠矣。何為好事、何為壞事是很難判斷的，但「道」會矯正所有偏頗的現象。

為何我們容易晚節不保

真正重要的是，了解「道」有這樣的作用再來行動。意思是在被「道」調和之前，主動修正偏頗之處。具體來說該怎麼做呢，不外乎謙虛罷了。所謂的謙虛，是要回首過去最痛苦、最努力邁向目標的時期，用過去的心情審視現在的自己。

簡單說，就是別忘了自己的原點。例如企業草創之初、社會新鮮人時期、當上專家前修行時期、夫妻新婚時期等等。常保這樣的初衷，在一帆風順之際也不會犯下夜郎自大的錯誤。因此，也不會被「道」教訓，落得失意不順的下場。

同理，遇到諸事不順的時候，也不必妄自菲薄。當我們想起自己本來就孑然一身，只有滿腔熱血，就不會變得憤世嫉俗了。

不論我們處於何種狀況，不要忘了在「道」的面前一切都是平等的，常保謙虛之心調和自我是很重要的。

不過，人類總是被眼前的欲望迷惑，行事太過極端，一旦成功就擺出驕傲自大的態度。對此，老子在「第七十七章」又說了：

損不足以奉有餘。孰能有餘以奉天下，唯有道者。

「有錢有權的人壓榨窮人，奪走他們身上的一切；為何他們不分享自己多餘的財產，來拯救貧困的人呢？能做到這一點的，只有以『道』為本的人吧。」

老子嚴厲批判那些家財萬貫，還不停掠奪貧困百姓的當權人士。

而聖人──以「道」為本的又是怎樣的人呢？下面這句話有具體的描述：

是以聖人為而不恃，功成而不處，其不欲見賢。

「不佔據權力的寶座，不居功自傲，也不以聰明才智自誇。」

換言之，聖人是常保謙虛的。為什麼他們常保謙虛呢？因為他們知道太囂張的人，總有一天會被「道」教訓。

世上有不少人獲得一點小成就，欲望便永無止境地膨脹，還自以為高人一等。

仔細看看他們的下場吧，每一個都被「道」重新矯正，落得一無所有對吧？多觀察那些晚節不保的成功者，就能明白這個道理了。

彰顯自我的欲望有違「道」

可是在我的講座上，許多人對「不欲見賢」一文抱有疑問，最具代表性的如下：

「職場上必須彰顯自我，才能獲得評價啊。只懂得謙虛做人，感覺滿吃虧的耶。」

其中也有人說，謙虛的人多半無法得到正當評價，還是彰顯自己比較好。

這裡所說的彰顯，是指誇示自己很了不起、頭腦很棒的意思。然而，優不優秀是自己說了算嗎？應該是別人評價的吧？

另外，說明自己做出了哪些貢獻不是壞事。說明和彰顯自己是不一樣的。更何況，若你得不到正當評價，在尋求正當的評價之前，要先思考自己是否有必須改進的地方吧。做到這一點，再來思考如何讓大家知道自己的貢獻吧。努力用言語表達，也不失為一個辦法。

前面說了這麼多，只希望大家記住一點：「在『道』的面前萬物是平等的。」

這才是重點。

太拘泥才能優劣或是在競爭社會上的勝負，這種不斷彰顯自我的行為，違反了大道亟欲建立平等社會的意志。請大家切記棒打出頭鳥的道理。

指引17

強硬追求成果，忘了自己的初衷

我們現代人活在競爭社會中，無時無刻都得拿出成果示人。因此，我們有「強硬」推動事物運行的壞毛病。

反過來說，我們只重視結果、只期望成果，才有這種手段強硬的問題。老子在「第三十章」中講述了這樣做的弊病：

以道佐人主者，不以兵強天下。其事好還。

這句話的意思是，以「道」輔佐國家或組織的人，不會用武力來威脅世界。因為他們知道動武會自食惡果。

在這一段話的後面，老子還說軍隊在農地駐紮，將導致農地荒蕪，一整年都無法耕作。大戰之後必有連續的荒年，絕不會有好的結果。

「仰賴武力獲得勝利的果實，會破壞土地招致饑荒的惡果，這麼做是不對的。」

老子是在闡述這個道理。

我們該思考的是，真正的拿出成果是怎麼一回事。請各位看看「成果」的「果」字，也是「水果」的「果」對吧。

打個比方，各位在自家菜園種植美味的水果，你們會選用何種方式栽種呢？就算各位想快點得到美味的果實，也不會拚命澆水施肥或揠苗助長吧？因為我們知道這麼做只會害死作物而已。

想得到美味果實，最好放任作物自然生長。同時好生照料樹木，在不足的部分給予適當的水和肥料，保護它不受嚴重的風雨侵襲。至於能否結出美味的果實，端看栽種者有沒有順應自然來種植。

做任何事都和種植水果一樣，要拿出好的結果，最重要的是顧慮自然，不要太過貪功躁進。這是老子最想勸告我們的事情。

不要居功自傲

另外，老子也提到了「成功後該如何自處」。

果而勿矜，果而勿伐，果而勿驕，果而不得已，果而勿強。

「有了好的結果，也不要驕傲自大、自吹自擂。要謙遜自處，視成功為不得已而為之。仗著成功自傲，和行事極端也沒有兩樣。」

這一段說明了謙虛看待自己的成功是何等重要。一個人的態度愈驕傲，毛病就會愈來愈多，最終連自己為何努力的初衷都忘了。

同樣的道理套用在職場上，老子的意思大概是這樣吧。

「瞧不起周遭的同事，剛愎自用地推行計畫，也得不出好的結果。要學習借助自然之力栽種水果的方法，和公司內外的人同心協力。得到好的成果後，也不要居功自傲，和大家一起分享喜悅吧。」

順應「自然之力」幫助「事物順利發展」，正是老莊思想提示的人生觀。

大家常問我，現今的商業社會重視成果主義，達成確立的目標為首要之務，老子的思想中沒有類似的想法對吧？答案誠如我剛才說的，老莊思想的目標在於「以『道』為本」的生活方式。

以這種觀念為目標，生活就能變得輕鬆愉快。當我們知道對立和反目沒有意義，就不會浪費心力競爭了。

關於競爭一事，在下一章也有描述。整天跟別人競爭，也很難享受人生吧？我個人崇尚老莊思想的生活方式四十餘年，對於那種鼓吹競爭的空虛生活感到非常惋惜。

請大家好好思考這個道理，細細體會「第三十章」的最後結語：

物壯則老，是謂不道，不道早已。

「強壯的東西乍看之下不錯，其實已漸入衰敗之境，這是違背『道』的教誨。或許一時之間有好的結果，最終還是會導致滅亡。」

壯年之後便是老年了，這句話也傳達出了強硬處事的恐怖之處。

指引18

在充滿利誘的社會中保住自我

人類是一種「難以抵抗欲望」的生物，我也一樣。一旦被某些欲望刺激，心靈就會不自覺地產生動搖。

老子並不否定擁抱欲望，他是在警告以欲望操縱人心的社會。

「在馬兒面前吊一根紅蘿蔔，引誘牠跑得更快更急，這種誘之以利的世道沒問題嗎？」

簡單說，老子是在提出這樣的質疑。

老子在「第十二章」中，用下面的話來形容人類被欲望迷惑：

五色令人目盲，五音令人耳聾，五味令人口爽，馳騁畋獵令人心發狂，難得之貨令人行妨。

各種色紙令人眼花撩亂，沒辦法靜下心來賞析顏色。各種雜亂的聲音灌入耳中，形同什麼也聽不到。各種味道的料理進入口中，不再清爽的味覺難以辨認滋味。

意思是我們的五感遭受迷惑，很有可能忽略了真實。

再者，打獵的人發現獵物，花上大把時間追逐捕殺，滿足狩獵的欲望，會在無意間變得喪心病狂。想得到珍奇的寶物，就有行差踏錯的可能性。老子告訴我們，社會若不斷刺激人追求奢侈，會讓百姓的心靈和舉止脫離常軌。

用陰陽來比喻的話，欲望是陽，置之不理會無限擴張。若不主動抑止，總有一天將迷亂心神，誤了自己的人生。更進一步解釋，為滿足欲望而努力，是偏離人道的行為。

遠離誘之以利的小人

那麼聖人是怎麼做的呢，結論如下：

是以聖人為腹不為目，故去彼取此。

所謂的「為腹」是指「樸實」之意。不被欲望迷惑，認真正直地生活。嚴正拒絕「誘之以利」的人或社會，老子說這就是以「道」為本的聖人。

更深一層的涵義是「社會必須重視百姓的尊嚴」。這個道理和「尊嚴」何干呢？利用人們貪求欲望的弱點，是非常要不得的事情。

世上有不少人為了利用別人謀求私利，試圖挑動別人的欲望對吧？我指的是那些用金錢、名聲、社會認同等等的手段，來利用別人的傢伙。應該說，組織或社會到處都有這樣的陷阱吧。

「利用欲望來操縱人心，是大逆不道之事！」

我是這樣想的，這不僅是藐視人性尊嚴的手段，也是絕對不該做的事情。正因為人類不擅長抵抗欲望，才更應該遠離欲望，以免誤了自己的人生。

指引19

不要隨意判斷人事物的有用或無用

現今的日本為解決財政困難，正致力消除「不必要的事業」，所謂的「專業分工」也成為時下的流行語。

浪費國民稅金固然要不得，但如何判斷事物價值還有待商榷。過度執著「無用／有用」的理論，說不定會砍掉一些乍看無用，其實對未來很重要的事業或研究。

由於世道不景氣，日本全島陷入了「追求效率化」的浪潮中。老子在「第十一章」闡述的道理，有值得我們深思的地方，結論如下：

有之以為利，無之以為用。

「有看似無用的東西存在，其他看起來有用的東西才得以發揮機能。」

老子在這段話前面舉了三個具體事例，說明「無的根本功用」，我們來一一介紹吧。

三十輻，共一轂，當其無，有車之用。

「輻」是指車輪的輻條，中心部位稱為「轂」，亦即車輪的樞軸，這個地方是空洞的。空洞本身沒有作用，卻是安插放射狀輻條的必要零件。換言之，車輪要具有一個樞軸和三十根輻條，才能發揮原本的功能。

乍看之下，我們會以為樞軸和輻條無用，只有圓形的車輪有用，事實並非如此。多虧了輻條和樞軸，車輪才有辦法發揮迴轉的用處。

埏埴以為器，當其無，有器之用。

「埴」是指黏土，茶杯器皿都是用黏土製成，中間是凹陷下去的。如果我們填平了凹陷的部位，器皿就無法使用了吧？正因有凹陷的部位，器皿才能拿來使用。

鑿戶牖以為室，當其無，有室之用。

「戶牖」是指門或窗戶，意思是「在牆上鑿出空洞」看似無用，但把所有的空洞補起來的話，就失去了居室的功能了。

老子舉了三個平易近人的例子，來說明「無」是如何支持「有」的效用。

另外，他也在告訴我們「自然界和人類社會的所有現象，全是無形的『道』

——『無』的根本效用造成的」。

老子透過這些話，向我們傳達一個訊息：

「我們不該把世上的東西分成有用或無用，甚至排除所有無用的東西。別忘了，很多時候無用才是最有用的。」

本節說的正是這個道理。

何謂「無用之用」

關於「無的根本效用」，莊子以「無用之用」這句話來形容。我們在前章介紹過「逍遙遊第一」對吧，那一段後面有一則這樣的故事，我大致說明一下：

莊子的朋友惠子，前來拜訪莊子。他說：「家裡有一株名為樗的大樹，樹上長有硬瘤，枝幹也彎彎曲曲的，根本派不上用場。」對此，莊子告訴他：

「你真是不開竅啊，看到那邊的貍貓和鼬了嗎？牠們看起來很聰明靈活對吧。不過，也正因為這樣，人類才想設陷阱來抓牠們。反觀犛牛吧，身體龐大笨重，連隻老鼠也抓不到。可是多虧牠的無能，人類對待牠特別寬宏，沒有替牠穿鼻環或套上韁繩，牠在戶外活得多自在啊。

這世上有些無用的東西，最終會轉化成有用的事物。你說的那一株樹木，不如移植到曠野上吧？保證沒有人想砍伐它。日後變得枝繁葉茂，不也是夏日避暑的好樹蔭嗎？你怎麼會說它沒用呢？它可以讓我們享受避暑的樂趣啊。」

看任何事不要短視近利，隨便判斷一樣東西無用，而是要思考如何派上用場——故事中轉換思考方式的部分，值得我們參考借鏡。

另外，活躍於明治時代的文藝評論家高山樗牛，他就是用莊子這則故事中的「樗牛」來替自己取稱號的。由此可見，過去的知識份子也很喜歡《莊子》和《老子》。

指引20

硬碰硬只會惹來反效果

假設各位在講電話時，對方的聲音不清不楚，請問你們會做何反應呢？大多數人會感到不耐煩，扯開嗓子說自己聽不到，或是請對方講話大聲一點吧。

可是，這樣容易造成反效果。對方多半會心生怯意，聲音變得愈來愈小。最有效果的辦法是，我們也用相同的音量小聲說話，對方自然就會提高嗓音了。

老子在「第三十六章」中說明了相同的道理：

將欲歙之，必固張之；將欲弱之，必固強之；將欲廢之，必固興之；將欲奪之，必固與之。是謂微明。

前面提過，「道」有修正世間不平的作用。同樣地，道也有「引起相反現象」的效果。

「當你想壓縮某樣東西，道會暫時讓那樣東西膨脹。」

「當你想弱化某樣東西，道會暫時讓那樣東西變強。」

「當你想中止某樣東西，道會暫時讓那樣東西繁榮。」

「當你想掠奪某樣東西，道會暫時讓那樣東西持續。」

差不多就是這種道理。

老子說，「道」的反向作用稱為「微明」。

所謂的「微明」，是指看穿事物背面隱諱難見的道理。我們在行動的時候，也必須從「微明」的觀點，來預測事與願違的情況。

不要只會硬碰硬

懂得這個道理，就能活用「道」的功效，進行反向操作來得到好的結果。簡單說，就是以退為進吧。弓箭也是要先往後拉，才有辦法射得遠嘛。

想獲得預期的結果，不能單純地硬碰硬。我們不妨這樣想，有時候反向操作，反而能藉由反作用力得到想要的結果。

這也是所謂的「反向思考」。接下來，老子又說：

魚不可脫於淵，國之利器不可以示人。

「魚潛藏在深淵裡不能離開。同理，足以平定國家的利器，也不能隨便示人。」

老子以這個例子警告我們，在深海自由生活的魚，不要得意忘形跑到陸地上，否則很有可能馬上死亡。

「人類啊，也不要一得志就濫用權力，不然很快就會被擊潰。」

老子是在告誡我們，處理事情時要有事與願違的心理準備，行事不要貪功躁進，應該小心謹慎才對。

在順境中做好最壞的打算，小心翼翼地行事，這不是一件容易的事情。其實，只要稍微壓抑不斷膨脹的欲望就行了，這樣就不用擔心被「道」矯正了。

指引21

趁問題沒有擴大時，趕緊處理好

大家很難想像一帆風順的人生或工作是什麼樣子吧？

「人生和工作，總有大大小小各種問題嘛。」

「沒有問題的人生，有種食之無味棄之可惜的感覺，滿無趣的吧。稍微來點問題，才有打破現狀的成就感和樂趣。」

大多數的人都是這麼想的吧。

可是，老子認為「沒有問題的人生才是王道」，他說「無為、無事、無味」才是世上最重要的東西。

我們從「第六十三章」的開頭，來解讀這個道理吧。

為無為，事無事，味無味。

前面也說過，所謂的「無為」是指常保自然而無作為之意。一言以蔽之，就是不做什麼特別的事情，順其自然而已。

說實話，我一直不懂「無為」是怎麼回事，直到二十年前才略有體悟。當時我在閱讀心理學家榮格的書，上面寫了一句話如下：

「有個步履蹣跚的一歲小孩朝你走來，你會怎麼做？」

馬上牽起小孩的手，就沒辦法訓練他走路了。最好的方法是祈禱他不會跌倒，並且懷著緊張感守望和引導，以便在他跌倒時能馬上伸出援手，讓他平安走到自己身邊。

當下我恍然大悟，原來無為乍看之下毫無作為，其實是懷著緊張的心情守望發展啊。

抱持緊張感守望，一旦未來發生任何問題，就能敏銳地即時發現。所以，不論發生何種問題都可從容應對。

貫徹無為之道，遇到事情就不必倉皇處理了。無為具有悠閒解決問題的好處。

第二項「事無事」是指沒有任何事，第三項「味無味」則是沒有特別的味道。按照字面上的意思解釋，似乎在推薦我們「無為」的生活方式。

如何斬斷怨恨的連鎖

不過，事實並非如此。下面這句話告訴我們，「無為、無事、無味」看起來微不足道，其實是非常重要的事情。

大小多少，報怨以德。

老子以其特有的說法，要我們「把小事當成大事，把少數當成多數」。

人生中通常不會一下子冒出大問題，或是突然發生許多麻煩。再大再多的問題一開始都是小問題，所以我們要趁問題不多不大的時候處理好。這才是實踐「無為、無事、無味」的生活方式。

的確，小問題不處理會發展成大問題，忽視小麻煩就會有處理不完的麻煩。老子著眼的重點就在這裡，他的意思是：

「再小再少的問題，也要保持緊張感，找出問題的癥結來解決才行。」

這句話是要我們重視「無為、無事、無味」的生活方式，下面還有一句著名的箴言：

「報怨以德」。

當我們遭受怨恨，如果也以怨恨回敬，仇恨會變得更加複雜難解。爭執就是這種「報復競爭」不斷發展的結果，導致情況愈來愈嚴重。

戰火難以杜絕，原因不外如是。遭受怨恨也要以德報怨，才不會惡性循環。做一些體恤對方的事吧，相信對方也會嚇一大跳，主動收斂敵意。說不定可以結束相怨的關係。

同理，老子說困難的問題，要在簡單的時候好好思考對策。天底下的難題，都是微不足道的一言一行造成的，嚴重的事件也是出於小事。

聖人很清楚，等事情嚴重再來處理是非常困難的。他們總在問題小的時候全部解決，因此人生也沒什麼大的災難。

「一帆風順的人生」需要緊張感

這篇「第六十三章」以下面這段話總結：

夫輕諾必寡信，多易必多難。是以聖人猶難之，故終無難矣。

「把任何事情視為困難或麻煩的開端，就不會輕易答應別人的請託了，因為這麼做容易失信於人。另外，成天做一堆敷衍塞責的事情，麻煩會愈來愈多。所以聖人做事小心謹慎，懂得事先防患未然，也就碰不到大災大難了。」

這就是以「道」為本的生活方式。不輕忽任何小問題，抱持緊張感及早行動，慎重處理危機，即可找到生存的本質。老子闡述的正是此理。

各位覺得如何呢？老子說的「一帆風順的人生」是防患未然所得到的成果。所謂的「無為、無事、無味」也不是毫無作為，而是常保緊張感來找出問題，這樣各位應該懂了吧？

容易解決的問題不趁早處理，總有一天會變成阻礙我們的大麻煩。這些障礙是「道」在對我們傳遞訊息。

「你是不是沒有瞻前顧後？是不是太躁進了？」

請不要忘了這個教訓。

指引22

不要利用知識追逐個人欲望

不消說，學習是增加知識的手段，大家都覺得學習是一件好事吧？

可是，老莊思想認為，所謂的知識純粹是歪理。人類一有知識就想拿來炫耀，動輒說一些狗屁不通的道理。知識是引起這種欲望的根源。

老子在「第四十八章」中說道：

為學日益，為道日損。損之又損，以至於無為。

「不要想著學習知識，而是要追求『道』這個世間至理。如此一來，知識在你眼中就沒什麼了不起了。隨著知識慢慢減少，最後就達到了『無為』的境界。」

這才是老子的主張，大意是說：「知識是無聊的歪理，快點捨棄這些東西追求『道』吧。掌握了『無為』之境——不必刻意採取什麼措施，也能順利完成任何事情。」

無為而無不為。

這一句話就是結論。

遵從「道」呈現的真實。

不過，老子不是叫我們完全不必學習，他是勸我們放棄累積一些小聰明。有了小聰明，就會被出人頭地、揚名立萬的欲望誘惑。

我們應該重視「道」呈現的真實，好好活下去。老子說，這樣一來「道」會幫助我們，讓我們過得一帆風順。

在下一段文中，老子也提到了為政者。他說治理天下講究「無事」，也就是不做什麼特別的事情，順其自然才是最好的方法。蓄意的作為會引發「有事」的結果，國家不得安寧。

何謂「有事」呢？戰爭便是有事。意圖擴張勢力、爭權奪利，正是戰爭的導火線。

「無事」相當於「無為」的親戚。我們常對別人說：「你沒事真是太好了！」或「祈禱你平安無事。」等等。這裡說的無事，是指不要強硬行事，順其自然就能獲得「道」的幫助，保證不會出什麼大問題的。

老子透過「第四十八章」告訴我們：

「不要忘了，愈是刻意為之，愈容易有反效果。」

這才是他想表達的訓示。

第四篇

商場的無言

——了解「不戰而勝」的奧義

指引23

不和對手競爭、善用人力的方式

活在競爭社會中，我們不得不和某些人事物戰鬥對吧？

「是啊，例如對抗其他同行。」

「同事、上司、部下……公司裡的人都是對手。」

「危害到利益的人，都必須排除啊。」

相信大家馬上會這樣回答。

每一個現代人都不缺「戰鬥的對象」。雙方要有交戰意識，競爭才算成立。

請各位試著思考一下。

假設我們有交戰的意圖，而對方沒有的話，情況會如何呢？即便對方不好戰，一旦遭受攻擊也會產生對抗意識吧。

對立就是這樣產生的。

簡單說，當我們表現對立或戰鬥的意圖，就已經在替自己樹敵了。換句話說，敵人這種存在是我們內心的產物。了解這一點，就不會主動樹敵了吧。

不戰而勝的「不爭之德」

就這層意義來看，現代人常常故意刺激「不必招惹的對象」，主動挑起無謂的爭端。

當然，有時候是別人來招惹我們。這種情況下，主動退下對戰的擂台，讓對方失去戰意就行了。

我不是在否定競爭，競爭也沒什麼不好，我只是希望大家知道，還有「不戰而勝」的方法。教導我們這個方法的，也是老莊思想。

善勝敵者不與

第六十八章

「勝敵」一詞給人爭鬥的印象，老子卻不這樣想。他的意思是「不必爭鬥也有獲勝的辦法」。這個道理在前一句話也表露無遺：

善為士者不武，善戰者不怒。

何謂「武士的榮譽」呢？強大的武士不會殺氣騰騰，放任自己的激情去作戰。

大家多少明白這些道理吧？真正有實力的人，有本事不戰而勝。這也表示「一看就有高手風範的人，能挑起對手的恐懼主動棄戰，在開戰之前分出勝負。」

這就是老子說的「不爭之德」。

什麼叫有實力呢？職棒選手鈴木一朗說過一句有趣的話：

「現在和過去剛到大聯盟時相比，最大的不同是對手的緊張感。」

從這句話我們不難發現，周圍的選手都認同一朗的實力。他沒有炫耀自己很厲害，而是他的成績和對戰經驗，帶給對手很大的壓力。

當你成為別人會緊張以對的存在時，就算是很有實力了。

妥善用人的辦法

「第六十八章」中，還提到了用人的辦法：

善用人者為之下。

上司為人謙遜，部下才願意鼓起幹勁努力工作。

整天痛罵或苛求部下，只會受人厭惡而得到反效果。

優秀的領導者會謙虛對待部下，感謝部下替自己努力做事。部下也會鞠躬盡瘁，來回應上司的期待。

老子說這才是「用人的能力」，亦即獲得周遭的幫助，順利完成工作的能力。

活用自然之力

掌握「不爭之德」和「用人之力」稱為「配天」，也是自古以來獲得勝利的金科玉律。

「配天」有兩種解釋方法：

一是「以天為助，善用天的力量」。

二是「善用足以和天匹敵的力量」。

總之，就是好好活用這個人世間最不可思議的自然之力。

何謂自然之力呢？運氣和機緣就是一例。當我們努力做一件事情時，常會碰到下面的狀況對吧？

「我剛好碰到了貴人呢。」

「碰巧時來運轉啊。」

有時候看不見的力量會引導我們，促使事情水到渠成。

這便是所謂的自然之力，也是上天的巧妙安排。

很多人都想了解「不戰而勝」的道理，我的學生也提供了他的個人經驗。

「這五年來，我打高爾夫的差點是三十一。自從學了老莊思想，我決定順其自然比賽，竟打出了九十七桿的好成績，差點也降到了二十五以下。當然，也可能是運氣好啦。」

沒想到他也說自己「純屬運氣好」，他確實活用了老莊思想的自然之力。

另外，還有一位律師朋友跟我說了件有趣的事情：

「在打民事訴訟時，我們必須擊敗對手，替客戶爭取利益。只是，有些情況下摸索和解之道比較好，這種時候要說服客戶是很困難的事情。有些人說他們付錢請我，我不打贏官司怎麼行呢？但我學了老莊思想，在說服客戶和解時派上了很大的用場。」

把老莊思想活用在官司和解上，這對我也是很新鮮的事情，我又學到了一課。

總之，讀完「第六十八章」，我聽到了老子的訓示：

「好好思考，該如何不戰而勝吧。最重要的是培養實力，沒有實力卻妄想得勝，無異於痴人說夢。只要你有實力，對方也不敢找你麻煩。

還有，凡事不要忘了退一步來看。一味前進只會局限眼界，稍微退個一兩步，才有辦法綜觀全局。這樣心裡也多了一分從容，放眼未來就知道自己該怎麼做了。

記住這兩點，老天爺肯定會幫助你的。活用自然之力，必能掌握不戰而勝之境。」

指引24

霸道的態度無法管理好下屬

任意操弄組織和部下——在組織裡擔任管理要職的人，多半以為憑自己的判斷隨意操弄組織或部下，是一件很痛快的事情吧。可以想見，大家付出了許多努力和辛勞，都想達到這樣的境界。

不過，老子在「第二十九章」道破現實，他說凡事想盡如己意，簡直是妄想：

「有些人意圖掌握天下，千方百計要讓事情按照自己的計劃發展，但從來就沒有人成功過。」

原因在於，天下乃「神器」，不是我等能夠隨意操弄的。

這裡所說的「天下」，不妨代換成企業之類的「組織」來思考。組織既為「神器」，代表當中時常發生人智無法掌握的奇妙現象。

所以，以操弄的方式用人是不可能的。

為者敗之，執者失之。

「用霸道的方式治理組織，會連組織的優點也一同破壞。執著掌握組織，就得放棄自己擁有的一切。」

老子是如此斷言的。

放下霸道的思考方式

那麼，擔任領袖的人該如何看待事物呢？下一段給我們指引了方向：

故物或行或隨，或歔或吹。或強或羸，或挫或隳。

「當你以為自己在前進，其實你不自覺地後退了。當你吹氣想溫暖手掌，吹出來的氣息太強，手掌反而寒冷。當你想加強一件事物，效果卻減弱了。當你想掌握一樣東西，反而失去了那樣東西。」

以人為的方式處理問題，事與願違的情況佔多數。我們必須知道，組織具有這種不可思議的力量。

然而，老子說我們太自以為是，凡事都希望按照自己的步調來。

最後老子告訴我們，明白這些道理的聖人如何自處，來替本項做出一個結論：

是以聖人去甚，去奢，去泰。

以「道」為本的優秀指導者，不會過度相信自己的力量，也不會沉醉在奢侈之中，或者目中無人。做任何事情，最重要的是借助自然之力，拋棄霸道的思考方式。

凡事仰賴力量、霸道、權力是行不通的。人類總想憑自己的努力獲得成功，其實大部分少不了自然之力的幫助。

大家熟知的經營之神松下幸之助也說：

「擁有強運是件好事。」

所謂的運氣也是自然之力。何謂強運呢？也就是營造良好狀況的力量。沒有抱持適度的緊張感守望時局，是很難辦到的。

大家常說：「機會之神轉眼即逝。」意思是絕佳的機會到來時，若不趕緊抓住，機會就會從手中消失。因此我們不要只顧自己，要仔細觀察自然界全體。

「第二十九章」也包含了這樣的意思。

指引25

急著表現自己反而招惹鬥爭

知者不言，言者不知。

第五十六章

老莊思想中有一句話叫「玄德」。有德之人不會說自己有德，也不會做出類似的態度。自誇是要不得的，應該好好隱蔽才是。

反之，包含《論語》在內的儒家思想，有一句話叫「明德」。他們崇尚看起來就很有品德的人。

兩者的差異值得我們探究，老子可能認為，有德性是很理所當然的事情，沒有德性的人才必須表現自己很有德性。前面也提到，老子在這方面是反對儒家思想的。

言歸正傳，本節開頭的文言文，大意是「真正有智識的人不多言，多言的人反而沒有真才實學。」

因為真理是語言無法表達的感性事物，是要靠感悟來理解的。相反地，能用語言簡單表達的就不是真理。

這是所謂的「不言之教」。我在前言說過：「所謂的老莊思想，是人類要在根本上重視的東西。用心感受那些看不見、聽不到、抓不到的東西，自有一番美妙益趣。」對言語的不信任正是貫穿《老子》全體的中心思想。

反省自己的內在

那麼，該如何掌握真理呢？不外乎拒絕外部的情報，反省自己的內在。

我們人類都是「道」的一部分，體現「道」的真理就在我們的內心。只是我們接收太多外部的情報，看不清內在的真理。因此，有必要阻隔那些紛擾。

塞其兑，閉其門。挫其銳，解其分，和其光，同其塵，是謂玄同。

第一，阻絕情報的入口，封閉吸收情報的門路。

第二，緩和自己內部的銳氣，減少引起紛爭的火種。這是什麼意思呢？也就是說，當你認為自己是個敏銳的人，就會誇示這份特質，別人看到難免有些吃味。你在大家眼中會變成一個討厭鬼，紛爭也就由此而生，這是很可笑的事情。

第三，內斂自身的光芒，和浮游的塵埃同化。

亦即不要展現知性、能力、仁德之類的閃耀特質，表面上裝作「什麼都不懂、什麼都不知道、什麼都做不到」，融入通俗之中比較好。

這就是「玄同」，老子說了解社會和人性的聰明人，都具備這種風範。

徹底實踐「玄同」並不容易，有本事辦到的人非常厲害，下一段闡述的正是此理。

故不可得而親，不可得而疏；不可得而利，不可得而害；不可得而貴，不可得而賤。

「這種人不看重利害或貴賤，沒有人可以親近或疏遠他。大家無法給他利益，也不能給他損害。他不會被當成貴人崇敬，也不會被當成下人貶抑，這才是最尊貴的人。」

老子是在說明這個道理。

不崇拜偶像的老莊思想有何魅力

受到儒家思想的影響，我們都以為努力學習知識，發揮所長才是了不起的人物。老莊思想卻有不一樣的看法。

「洞察真理、掌握真理才是最了不起的。」

這一點我們得謹記在心。

我覺得老莊思想很有魅力，因為老莊思想和其他思想、宗教、哲學不同，沒有傳遞真理的中間人。他們不會說「教主大人是這樣開示的」或「某個偉大哲學家如是說」等等。

當然，老莊思想中有老子和莊子這兩大說書人，但他們的話語不是在教導我們，或是對我們說明事理。

「直接面對真理，面對『道』吧。」

這才是他們的主旨。

換言之，他們看重的是掌握自己內在的真理，找出潛藏在每個人內心的「道」。算得上是非常言簡意賅的思想。

各位，就算無法阻絕所有的外部情報，偶爾自省內在洞察真理也未嘗不可。這樣你們就會知道，處心積慮表現自己的知識和能力是毫無意義的，純粹是製造紛爭的火種而已。

指引26

如何找到解決客戶需求的創造力？

「生生化育」是表現道之功用的重要字眼。

意思是誕生萬物使其成長，並且發揮其特色來栽培。當中「化」的意義較難理解，我們來打個比方吧。例如松木在剛發芽的階段時，我們看不出那是何種植物。不過，隨著幼苗成長茁壯，就愈來愈有松木的樣子了。人類、動物、植物都是這樣子，多虧「生生化育」的功能連綿不絕，生物和社會才得以持續下去。

「生生化育」的行為，老子用「陰陽思想」的觀點來說明。

所謂的「陰陽思想」是把被動性質（往內在作用的功能）稱為陰，把主動性質（往外在作用的功能）稱為陽。陰不離陽，陽不離陰，這才算是一個完整的要素。亦即陰陽調和的狀態堪稱圓滿。

跨越二元的思考方式

了解這一點後，我們來看「第四十二章」的文章。

道生一，一生二，二生三，三生萬物。萬物負陰而抱陽，沖氣以為和。

首先，按照字面上解釋，「道」產生了「一」。這裡的「一」是指「元氣」的意思，顧名思義是「氣的根本」。

「元氣」產生了「二」。「二」是指「陰」和「陽」，「元氣」分成了「陰」和「陽」。反過來說，「元氣」是靠「陰」和「陽」成立的，這是十分重要的概念。

那麼「二」生了什麼呢？「二」產生了「三」，也就是所謂的「沖氣」。請各位仔細看看「冲」這個字，是兩點水而非三點水對吧？「冲氣」是指「空洞」的意思。用另一種說法就是「無」，這裡不是指單純的空無一物，當中充滿了孕育事物的強大能量。

「三生萬物」是指「陰」和「陽」在「冲氣」調和下，化為一體孕育各種東西。

「萬物負陰而抱陽」之後的句子，則是從相反的角度來闡述這個道理。擁有陰陽性質的萬物，經過「冲氣」調和後，成為不分彼此的渾然一體，進而育化出新的事物。

也許不太好理解吧？我用現代的方式說明好了，請各位參照圖片。

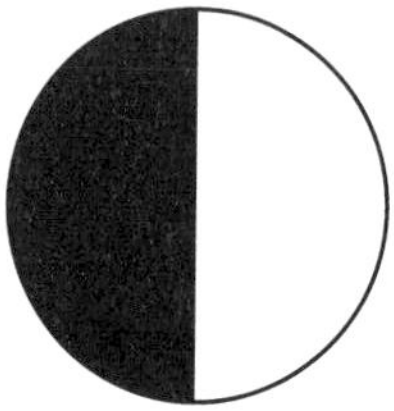

解決陰陽矛盾的問題——究竟要選擇哪一方？

陰陽互補的關係 Complement。

上圖是我們現代人熟悉的「二元論」世界。我們把「陰」（黑色部分）和「陽」（白色部分）視為相反的事物。用商場來比喻的話，就好比「要重視成本或服務？」是一種二選一的思考方式。

「應該提升服務品質吧？不對，成本上升也不行，當務之急是裁減成本，這次先選擇成本吧。」

具體來說差不多是這樣。

我稱之為「五十分的解決方法」。成本問題雖然獲得解決，但完全沒有處理服務方面的問題，到頭來什麼也沒改善，這麼做行嗎？

反之，按照「陰陽思想」考量就沒有二元對立了，就像下圖一樣。「陰」與「陽」為互補的關係，二者並立共存，分開思考才是錯誤的。

我加上英文的「Complement」，原因是近年美國有許多經營書籍都在用這個字眼。在經營中導入陰陽思想的傾向，似乎也愈來愈顯著了。從這個角度思考，簡單說就是「同時提升服務和降低成本」之意。尋找超越「二元論」的「完美方法」比較好。

每次我這麼說，就有人馬上反駁我：

「這純粹是空談吧，就是做不到才頭痛啊。要滿足背離現實的要素，太困難了。」

這番話也有道理，但還沒嘗試不能輕言放棄。以捨身忘我的心情來思考就行了，這便是老莊思想說的「冲氣」，意為全心投入陰陽調和之中。

請試著尋問那些開發新商品或新技術的人，他們是如何發明那些東西的。他們一定會告訴你，自己花上了經年累月的時間，渾然忘我地開發一樣東西。這種專注的時間，就是所謂的「冲氣」。全心投入一件事情的當下，又稱為「無我之境」，這種狀態調和了陰陽的對立，創造出嶄新的事物。

換句話說，全心投入的無我之境，正是創造的觸媒。

「陰陽調和」思想在商場上也很有用

這裡我舉兩個「陰陽調和」的事例。

其一是宅急便，我們該如何提升服務品質，降低經營成本呢？首先，請思考成本攀高的原因，我們的目標是確實配送貨物，業者有保管貨物的成本，以及多次配送的成本，因此趁顧客在家的時間配送，是最不花費成本的方法。

那麼顧客方面呢？如果自己不在家的時候，配送業者跑來也很麻煩吧？每次看到信箱裡的取件通知，難免會對這種不親切的服務心生怨言。

趁客人在家時配送，對業者和顧客都有好處。從這個觀點出發，我們可以想出「在指定時間配送貨物」的服務。好好活用這個機能，即可顧及服務品質和降低成本。

在商場上成功顧及這兩種相反的要素，是一件非常痛快的事情。

另一個例子是啤酒，以前有種叫 superdry 的啤酒大受好評，各位知道為什麼嗎？

喜歡啤酒的人很快就想通了吧。簡單說，過去的啤酒主要分為「濃郁」和「爽口」兩大風味，結果後來出現了「風味濃郁又爽口」的新種啤酒。

據說開發的契機是這樣的，當時完全不懂啤酒的社長，無法理解為何要分成兩種風味，兩種都顧及不就得了？但負責開發的員工表示，社長說的純粹是外行人的想法。

不過，那些負責開發的員工，也確實希望開發出濃郁又爽口的商品。所以他們聽從「社長的命令」，努力進行研究。這便是實踐「冲氣」的概念了。

最後他們成功生產出superdry啤酒。消費者踴躍搶購，他們說superdry是前所未有的美味啤酒，既有爽口的過喉感，又有濃郁的芬芳香味。

從這兩個例子我們就知道，商場上是很重視「陰陽調和」的。當有兩個相反的要素，我們不該煩惱如何取捨，那純粹是「五十分的解決辦法」。

請秉持「缺一不可」的創新氣概，專注在這個問題上。

更進一步解釋，「創新」的原動力不是競爭。縱使和其他公司競爭，「專注的程度」才是勝負的關鍵。

就這層意義來說，所謂的激烈競爭其實不是和別人競爭，而是「和自己的戰鬥」。

「第四十二章」的開頭文章不長，卻隱含了在商場上十分受用的道理。

指引27

將獲利回饋給社會，調和公司形象

同樣在「第四十二章」之中，也有提到人類的行為講究「陰陽調和」：

人之所惡，唯孤、寡、不穀，而王公以為稱。

「孤」是指孤兒，「寡」是指孤苦伶仃，「不穀」則是無法養活自己的人。任誰都不想成為這三種狀態吧？因此國王或身份高貴的人，反而以「孤、寡」這一類的字眼自稱。

理由是，假設自己是窮極榮華的「陽」，那麼不用「孤、寡」等相反的名詞來相稱，就營造不出「陰陽調和」的狀態。

在日語中，我們也會用「不肖」來自稱對吧？當我們接下來要講大事時，就會用這種方式自謙，取得「陰」與「陽」的平衡。

老子又說道：

故物或損之而益，或益之而損。人之所教，我亦教之。強梁者不得其死，吾將以為教父。

「損」與「益」也是陰陽關係，一般來說「人生就是有損有得」。完全的損或得，稱不上陰陽調和，不是完美的狀態。

聽我這麼說，大家是不是稍微鬆了一口氣？

整天追求利益是一件很累的事情。那根本不是在追求利益，而是被「不得不追求利益」的強迫觀念折磨吧。

眼中只有利益的人，做事容易採取強硬的手段，或表現出妄自尊大的態度。最終破壞陰陽的平衡而反受其害。

這種時候，我們要思考一些損己的事情。當然，我不是叫各位偷懶或故意失敗。

謙卑就是最好的例子，我們不應該把自己說得勞苦功高。

「獲得利益純粹是運氣好，也多虧了各位的幫忙。」

而是要秉持這樣的心情才對。

或者，把一部分利益拿去做慈善，不然把幾成分紅用在其他人身上也好，總之重點是不要獨占利益。

如此即可保持陰陽平衡。

「想提升利益，就要先謙虛待人，思考如何達到『陰陽調和』。」

這才是在商場上不斷提升利益的一大要訣。

老子最後表示「強梁，亦即用強硬手段出人頭地的人，一定會不得好死。我們要接受這個自古流傳的教訓，保持謙虛和順其自然的處世方法。」

如何打破閉塞感

「陰陽調和」的思考方式，在工作遇到瓶頸時是非常受用的點子，因為這麼做可以改善過去的行事方法。

「前言」中有提到「成功時的儒家，失敗時的老莊」——因應不同狀況來活用儒家或老莊思想的重要性我們說過了。「陰陽調和」的觀念，在力求革新的轉換期是非常有效的，這也是在「戰鬥中取勝」的重要關鍵。

回顧歷史，時代的轉換期必定會有重視「陰陽調和」的名將，好比德川家康。

家康統一天下前，日本處於戰國時代，說穿了就是「戰亂乃是理所當然」的時代。那些志在天下的武將，只想進行以武服人的「武斷政治」。

然而，家康在一六〇〇年結束戰亂之世，改用新的政治方針，朝「文治政治」的方向發展。

「太陰生少陽，太陽生少陰。」

想必他感受到了這種時代的流向吧。

換言之，他知道，「依賴武力的時代太長久了，今後時代會朝不同的方向發展。」於是，他主動推行「陰陽調和」的政策來治理天下。

更久以前，有個叫北条泰時的人。掌握鎌倉幕府第三代政權的北条，在一二二一年爆發的承久之亂中——亦即後鳥羽上皇發兵倒幕的戰役中，他對天皇發動了攻勢。這是非常要不得的事情，而他那樣做的理由如下：

「京都的公家政權，和鎌倉的武家政權必須保持平衡，否則無法治理這個國家。過去貴族專政的社會不是很腐敗嗎？因此要有公家和武家的力量才行，兩者在社會上缺一不可。幕府不能被公家政權擊敗。」

這也稱得上是「陰陽調和」的戰略。

在他之前，還有一位指導者叫持統天皇。也許有人覺得，應該稱為天武天皇吧。總而言之，「大寶律令」體現出這種想法帶來的破舊立新。

這部法典的骨幹明確表示，「政治分為祭祀天神和執政兩大部分，缺乏陰陽調和就無法順利治理。」這是過去所沒有的概念。

綜觀這些歷史，我們知道某些權傾一時的支配者，利用了「陰陽調和」的概念，破除了過往的瓶頸，成功改變了時代。

這個道理在政治、商場、人生上都是一樣的。在面對困境的時候，不妨轉換一下想法，思考未來的方針吧。

遭遇瓶頸，本身就是陰陽失調的證明。謹守順遂時的方針不是明智之舉，逆向操作或有機會改變不利的發展。

第五篇

領導的無言

——柔弱勝剛強

指引28

逞強只會逼自己走入死胡同

隨著年齡增長，人類總希望變得「強大、出人頭地」。從成長的角度來看，這是很理所當然的志向，但老子重視「柔弱」——也就是柔順、圓融。「道」的無為自然，和「柔弱」有異曲同工之妙。

在「第七十六章」中，老子用人類的誕生和死亡、草木的發芽和枯萎等現象，闡述了下面的道理：

人之生也柔弱，其死也堅強。萬物草木之生也柔脆，其死也枯槁。故堅強者死之徒，柔弱者生之徒。

柔軟弱小的嬰兒充滿生命力，邁向死亡的人卻愈來愈僵硬。萬物都是這樣的，草木剛發芽也很柔嫩，愈到腐朽時就愈乾燥僵硬。因此老子才說：

「堅強之物歸於死亡，柔弱之物歸於生長。」

同時，他也提了一個問題：

「既然如此，為何世人認為『剛強是美好』的呢？這不是很奇怪嗎？」

愈強大的東西，愈容易下沉

接下來的內容以軍隊和樹木為例，繼續警告我們「剛強的危險性」：

是以兵強則不勝，木強則兵。

各位也許不認同這句話吧？不過請你們仔細思考一下。

軍隊愈是強大，遇到事情愈容易用武力解決，愈容易發生戰爭對吧？反過來說，也等於經常有被毀滅的風險。

老子並不否定軍隊的存在，但他推崇的是令對手失去戰意的軍隊，以及像游擊隊那樣靈活的軍隊。

樹木也是一樣的，堅硬的櫟木一旦遇到猛烈的大風就會斷裂。反之，像柳樹那樣柔軟的樹木，遇到強風會彎曲來化消風力。如同「捨己從人」一般，堪稱柔軟的極致。

綜合以上幾點，老子做出了下面的結論：

強大處下，柔弱處上。

這個世上堅強巨大的東西一定會往下沉淪，柔軟弱小的東西則會往上攀升，此乃自然的道理。

「各位是否在逞強？是否在打腫臉充胖子？這是不自然的事情，終將招致毀滅。我們必須追求柔軟，柔軟才有廣大的可能性。」

文中似乎能聽到老子循循善誘的解釋。

讀了這段文章，總能帶給我的學生不少啟發，有人提供了下面的感想：

「愈是自我膨脹，愈容易傷害自己，諸事不順。虛心接受別人的意見或狀況，反而心想事成。」

「每次陪一歲半的孩子玩耍，我才發現自己的腦袋有多僵化。我知道自己還有很多要學習的地方，讀了『第七十六章』，我終於了解這是怎麼一回事了。」

各位又有什麼樣的感想呢？

指引29

做人處世要像水一般謙虛

上善若水

第八章

應該有不少人都聽過這句話吧？拜託，請不要跟我說這是酒的名稱喔。

「上善若水」是指老子最崇尚的狀態，意思是「像水一樣才是最了不起的。」

怎麼說呢？我們再看看下一句：

水善利萬物而不爭。

這句話有兩個含意，一是萬物沒有水就無法生存。但水不會居功自傲，它明明有這個資格卻不邀功，這正是所謂的「不爭」。

這一點「道」也是一樣的。「道」有孕育萬物之功，卻不會主張自己有多偉大。

另一層含意是，水從萬物中獲得了好處。水流經山間時，吸收了礦物和藻類等各式各樣的養分。我們現在買的飲用水，也含有不少自然的礦物質。

「大家也向水看齊，將周圍的人當成老師，學習他們的優點吧。認識的人愈多，愈能學到各種事物。」

我想這才是老子要告訴我們的道理。

如水一般謙虛，就不會剛愎自用、心高氣傲了。前一節我也說過，充滿生命力的生活方式總缺不了柔軟的特質。

以水領悟「不爭」的道理

下一段話，告訴了我們謙虛的重要性：

處眾人之所惡，故幾於道。

水往下流，在低處累積，積水之處如同濕地般骯髒。人們不喜歡骯髒的地方，水卻連一句怨言也沒有，稱得上謙虛無比。這一點也和「道」很相似。水的不爭和謙虛，和「道」有異曲同工之妙，值得我們當作生活的指標。「第八章」還有其他訓示，之後的句子相當於補充，既然提到了我們就來介紹一下。

居善地，心善淵，與善仁，言善信，正善治，事善能，動善時。夫唯不爭，故無尤。

行。

「腳踏實地生活，沉澱自己的思緒，和別人相交甚篤，表現出值得信賴的言行。

另外，行使和平治理的政策，做任何事都要有效率，行動時要抓準時機。

像這樣學習水的智慧，與世無爭才是最好的。不與人爭，自然也不會引發問題。」

簡單說，這就是「不爭」的教誨。老子闡述水的功能，告訴我們合乎大道的生活方式，請大家細細品味。

指引 30

像水一般柔軟聽取別人意見

水的另一種重要特質，就是沒有「固定形狀」。水是抓不住的對吧？所以，水能穿透狹窄的地方，或在寬廣的空間中擴散。也就是配合對方的形狀，達到無孔不入的境界。

此乃柔軟的極致，老子透過水來告訴我們：

「擁有自身的形狀，就只能進入相同形狀的東西。如果勉強硬闖形狀不合的器皿，難免會抱怨器皿太大或太小，或是拒絕進入形狀不同的器皿之中，產生不必要的爭執。

這些爭執是沒意義的，我們要像水一樣，配合對方的形狀，這樣任何場所皆可適應。沒有自身的形狀，就不會起爭執或鬧彆扭，是非常自由的生活方式。」

如何應用在日常生活中呢？首先，要先聽從別人的意見，不要先表示自己的主張。

大家都認為業務員是負責賣東西的，因此無法進入客戶的內心。其實，我們要先傾聽對方的需求。

學習「無為不言」的益處。

關於這一點，「第四十三章」說道：

天下之至柔，馳騁天下之至堅，無有入無間。

「天下之至柔」是指世上最柔軟的東西，也就是水。相反地，世上最堅硬的則是金屬或礦石，而「馳騁」是指支配的意思。這句話是說，如同水一般柔軟的東西，足以支配一切堅硬的事物。

有句話叫「滴水穿石」對吧？水滴落在石頭上，雖是微不足道的力量，久而久之也能貫穿石頭，老子指的正是這個道理。

而「無有入無間」之意，誠如先前所言，不拘泥形狀才能無孔不入。沒有縫隙的東西，同樣會被水滲透。水就是這麼無孔不入的東西。

老子透過此理，了解了「無為的益處」。他認為順其自然才是有益的，結論如下：

不言之教，無為之益，天下希及之。

不仰賴語言的「不言」，亦即無言的教誨，和順其自然獲利的「無為之益」，是天下萬物都無法比擬的至理——老子不厭其煩地告訴我們，要學習「無為不言之益」。

「這道理我也懂，但整天順從別人的意見，純粹是優柔寡斷吧？我不太能接受。」

在我的講座上，也有人提出上面的意見。的確，光是迎合別人很不痛快吧。不過，老子不是叫我們毫無主張。

水在關鍵時刻，也是會激烈表達主張的。

平常溫和的水流，每三到五年就會暴漲一次對吧？洪水或土石流就是一例，因此我不是叫你們毫無主張。

也有人說：

「在商場上配合對方，接受不同的意見進行對策，也不失為一個好辦法。只是，這樣感覺像故意扮演吃虧的角色來博得名聲，給人心機深沉的印象。」

所謂的心機是人為的行動，這就算不上「無為」了。

精於算計的人也許會嘗到一、兩次甜頭，第三次絕對會穿幫的。等真面目被揭穿，評價自然一落千丈。

況且，假裝謙虛的人是維持不了多久的。畢竟無法獲得身旁人正面的評價，又要假裝謙虛，壓力一定會不斷膨脹。

請別忘了，老子認定「有益」的，終究是「無為不言」。

指引31

不要打腫臉充胖子

老子在「第二十四章」中，批評人類總想著打腫臉充胖子，逞能好強。

企者不立，跨者不行。

踮起腳尖，試圖讓自己看起來更為高大，這種姿勢無法長久。很快就會重心失衡，沒辦法站穩。

拚命加大步伐，試圖走得更快更遠，這種方式也撐不久，很快就得停下來休息。

打腫臉充胖子也許可以讓我們暫時意氣風發，但終歸不是長遠之計，老子接下來又說：

自見者不明，自是者不彰。

炫耀自身能力的人，才幹反而不會受到認同。主張自己正確的人，反而容易遭受質疑。換言之，愈是彰顯自我，愈容易被周遭打壓。下面還有一句話：

自伐者無功，自矜者不長。

這個道理前面也有講過對吧？居功自傲的人，做任何事都無法掌握真正的成功。仗著能力優異而自大的人，也難以長久立足頂點。

老子舉這種不自量力的例子，說明這是有違「道」的行徑。這樣的行為猶如殘羹剩飯，叫「餘食贅行」，完全是多餘的行為舉止。

那我們該如何自處呢？「腳踏實地過日子，不要打腫臉充胖子」就行了。

有一點要注意的是，所謂的「量力而為」不是「消極生活」的意思。我們要努力精進自己真正的實力，佯裝強大是很不自然的事情。

就這層意義來說，挑戰新的事物和拓展自身可能性，都是非常重要的事情。請各位不要弄錯老子的用意。

常有人問我：「努力和毅力在老莊思想裡沒什麼意義吧？」其實，這對努力或毅力是非常失禮的說法。老子的意思是，有些領域光靠努力或毅力是無法成事的。

換個說法就是：「以為光靠努力和毅力就足夠，未免太天真了。有些事情再怎麼努力，也是難以企及的，何不嘗試掌握那種境界呢。」這才是老莊思想的含意，而這樣的境界也是我們之後要說明的「高人的領域」。

指引32

作為主管就要懂得自謙

天地不仁，以萬物為芻狗；聖人不仁，以百姓為芻狗。

第五章

這句「天地不仁，聖人不仁」在《老子》中是很有名的，意義如下：

「天地沒有特別的關愛之情。」

這是什麼意思呢？

請各位思考一下，造物主或天地若有特別的好惡和偏愛，世界就會失序混亂，無法公平對待萬物了。

與其如此，還不如沒有關愛，所以「天地把萬物當成稻草扎成的狗」。所謂的「芻狗」是祭祀時使用的東西，有點類似日本新年的裝飾品。在祭祀期間是重要物品，祭祀結束以後就是垃圾了。而所謂的「百姓」不是指老百姓，而是所有的人類之意。

這個道理看似無情，其實天地就是這樣孕育和淘汰萬物的。簡單說，我們應該「虛心」自處，好好完成自己的使命。並且效法以「道」為本的聖人，不對任何人有特別的偏愛。

有了偏愛難免會厚此薄彼，老子說：「那種領袖是非常要不得的，上位者不能對別人有特別的關愛或個人感情。」

要跟「風箱」一樣空曠

那麼，領袖該如何看待自己的部下呢？這裡又要談到芻狗了。亦即把他們當成「完成自身使命的存在」就好了。

原因如下：

天地之間，其猶橐籥乎？虛而不屈，動而愈出。

「橐籥」是生火用的「風箱」。由於風箱裡面是空的，才能噴出強烈的空氣對吧？老子說天地之間的世界，就像風箱一般。

正因空曠才有萬物育化，生生不息；愈是運作，育化的東西就愈多。上位者和風箱一樣虛懷若谷，部下就會愈努力工作。

換句話說，領袖不該別有居心。不放開個人偏愛或感情，本該虛懷若谷的空間充滿了大量的思緒，部下也無所適從。老子說的就是這個道理。

最後又談到「無言的教誨」：

多言數窮，不如守中。

被質問或責罵的時候，大家應該都有「愈是辯解，情況愈惡化」的經驗吧？語言真是太不可靠的東西了。

所以老子提倡「守中」，遇事保持沉默，堅守虛心才是正道。

這個道理看似簡單，實踐起來卻意外地困難。有些學生問我下面的問題：

「獲得上司的稱讚或慰問，下位者非常開心。這才是好上司吧？難道稱讚也不行嗎？」

可以的，只要是出自虛心的稱讚。老子反對的是「別有居心」，倘若上司沒有「操弄部下替自己賣命」或「拉攏部下當自己心腹」的虛情假意就沒問題。

「無言」並不是指完全不說話，出自真心的話語就不算「多言數窮」了。各位照這樣理解就行了。

另外，還有人說：

「有些人我實在不喜歡，另外有些人我則很想多多關照。老實說，要秉持虛心太難了。」

人與人之間有所謂的偏好。不過，面對別人的好惡是很痛苦的事。得到疼愛固然可喜，但也有被周圍嫉妒的風險。有時候，也有莫名遭受厭惡的可能。

反之，抱持愛憎之心也無法平穩度日。

無論如何，這兩者都不是好事。與其彼此互相厭惡，還不如毫無偏好。各位也許覺得這很困難，請每天叮嚀自己「放空心靈」度日。總有一天，就能輕易掌握淡薄待人的方法。

其實，也不必想得那麼嚴肅。「守中」的「中」解釋為「適度發言」就行了。

指引33

如何成為受歡迎的領導者？

各位認為，什麼樣的領袖才是最棒的？

「聽我的準沒錯。」

像這種強勢引領部下的人比較好嗎？

還是秉持驕傲努力工作，令人肅然起敬的人呢？抑或平易近人的類型？

關於「領袖理論」，代表美國自由主義的國際政治學者，同時擔任過民主黨高官的約瑟夫奈爾，在他的著作裡引用《老子》一書中「第十七章」的箴言。

該書探討「西方社會該有什麼樣的領袖」，他直截了當地說：「過去那種乾坤獨斷的領袖氣質已經行不通了，大家該學習老子提倡的領袖氣質。」

西方學習中國古籍的意欲比我們強，這一點值得注意。

了解這一點後，我們來解讀「第十七章」吧：

大上，下知有之。

「所謂優秀的領導者，只要讓部下知道有個厲害的上司就好。」

按字面上解釋，正是這樣的意思。

為何自我主張強烈的老闆不好？

剛才的文言文，到底是什麼意思呢？例如社員知道老闆是個了不起的經營者，但不清楚老闆具體幹過什麼豐功偉業。老子說這才叫了不起的老闆。

我們來想想，老闆最大的願景是什麼。答案很簡單，不外乎是希望公司的業績可以永遠成長下去。

為此老闆要非常努力，好比營造一個適合員工發揮的環境，準備好將來的戰略計畫，在社員看不到的地方默默耕耘。

不過，厲害的老闆就算獲得良好的業績，也絕不會把自己說得勞苦功高，或是表現得居功自傲。因為老闆一旦這樣自我主張，會影響到社員的士氣。

假如社員知道良好的業績是拜老闆所賜，通常會有兩種反應：

一是失去自信，認為自己一點能力都沒有。

二是感到愧疚，覺得自己給老闆添了很大的麻煩。

總之，這兩種情況都會導致社員情緒低落，業績也將直線下滑。

重點在於，別讓社員知道老闆在幹嘛，這樣他們才會抱著「我得好好努力」的心情認真工作。營造出這種環境的話，業績不必刻意要求也會自動成長。

老子又說，次一級的老闆如下：

其次親而譽之。

「譽之」是指稱讚之意，整句話是說：「為人親切，令部下感到驕傲的領袖。」各位大概在想，這才是最棒的領袖吧？

為什麼這種老闆反而是次級的呢？理由是，這種老闆會帶給部下壓力。老闆的豐功偉業歷歷在目，下面的人會自慚形穢或勉強效法老闆。

帶給部下不自由的壓迫感，對一個組織來說是吉凶難斷的事情。

更差勁的老闆是「畏之」，也就是部下害怕的嚴厲領袖。最差勁的則是「侮之」，亦即被部下侮辱或瞧不起的領袖。

這幾點相信大家都認同吧。太過嚴厲的領袖，會害部下畏首畏尾。看輕領袖的組織，業績也不可能好到哪裡去。

老子用「信不足焉」來解釋這些現象。意思是，領袖缺乏誠信而不受信賴的關係。

最後，老子以這句話總結：

悠兮其貴言，功成事遂，百姓皆謂我自然。

「領袖要營造出有利部下工作的環境，表現出雍容大度的模樣。不要說自己幹了哪些豐功偉業，如此一來自然可以完成任務、獲得成果。而且，部下也會認為他們替組織做出了貢獻。」

卡拉揚是老莊式的名指揮？

關於老莊的領袖理論，很發人省思對吧？

「這確實是理想的領袖，只是大家能否理解也是個問題。搞不好有人覺得，那種領袖純粹是掛名的，根本沒有在做事情吧？」

有些人大概有上面的顧慮。

其實沒必要擔心，在老莊的思維中，別人的看法是沒有意義的。自助者，天助也。因此就算部下不了解我們在幹嘛，最終我們還是能獲得信賴。

聽了這個道理，也有學生想起指揮家卡拉揚和托斯卡尼尼的領袖氣質。我也很喜歡音樂，對此非常感興趣，這裡就介紹一下那學生的感想吧：

「我聽某個指揮家說，卡拉揚會盡力營造一個環境，讓演奏者可以盡情發揮。而托斯卡尼尼只允許別人用自己的方式演奏。

由於這層差異，卡拉揚帶領的演奏者都覺得自己的樂團很棒。而托斯卡尼尼帶領的人，多半把功勞歸在托斯卡尼尼身上。

告訴我這個故事的指揮家說，被卡拉揚帶領的演奏家，演奏時看起來特別幸福。」

就我所知，卡拉揚會讓每一位演奏家自由發揮特性，從中掌握全體的平衡。托斯卡尼尼則是昭告一個理想，訂立出嚴格的計畫讓大家共同執行。卡拉揚比較接近老莊思想。

不過，我們也很難斷定誰比較好。像托斯卡尼尼這種昭告理想，讓大家跟隨的方式，有時候確實很管用。

過度信賴自身的價值觀，也會產生弊害。我們要了解世上有各種不同的思維，活用最適當的方法，猶如前面說的「成功時的儒家，失敗時的老莊」。

「第十七章」告訴我們的教訓是：「老莊推崇的領袖，是隱居幕後默默付出的人。懂得鼓舞部下的幹勁，讓他們依靠自己的能力工作。」

指引 34

成功後思考退場時機

假設眼前有一個倒滿水的杯子，各位拿起杯子難免會緊張吧？愈害怕水溢出杯子，就愈寸步難行。光是這一件小事，就奪走了我們的自由。

「第九章」中，有一段類似的文章：

持而盈之，不如其已。

這句話意思是「不要一直填滿器物」。套用在人身上，是指「凡事不要做得太過」。

凡事做得太過，就好比拿著水位張立的杯子一樣，會使我們的思考和行動魯鈍。

簡單說就是「不要太貪心」的意思，下一段文章也在闡述同樣的思想。

揣而梲之，不可長保。

用刀來比喻，是指：「打刀時求好心切，結果打過頭，整把刀反而變鈍了。」不要一味追求銳利的快刀，而進行過度的鍛造。

另外，還有一句話是和金銀財寶有關的：

金玉滿堂，莫之能守。

家中充滿財寶，各位一定很緊張吧？外出遊玩的時候，想必會擔心家裡遭小偷。這等於是賺金銀財寶來折騰自己了。

貪心必會吃虧

誠如前面這三個例子，老子告訴我們：「凡事太貪心必定吃虧。」

富貴而驕，自遺其咎。

「適當的富足就夠了吧？利欲薰心、驕傲自大，無疑是走上極端自取滅亡。」

人類是很貪心的，享盡榮華富貴仍不知足，舉止也容易變得傲慢。我們必須要了解適可而止的道理，結論如下：

功成身退，天之道也。

再重申一次，功成名就之後，輝煌的時刻已過，人生的甜頭也享用完了。老子透過這句話提醒我們：「要好好思考退場的時機。」

其實，我剛創業時也吃了十年苦頭，幾乎沒有任何生意上門。直到四十多歲才開始出頭天，擁有了大量的工作機會。

我的公司在全盛時期，曾經雇用了近百名員工。財源滾滾而來，卻也走得飛快。公司規模愈來愈大，大家也說那是一家好公司。若問事業成功與否，那確實是最成功的時代。

不過公司內部，總是得面對資金周轉的問題。再者，業績也很難維持高度成長。稍微下滑一點，都令我寢食不安。

這時候，老莊思想帶給我極大的助益。我知道好景難以長久，是該急流勇退的時候了。於是我關閉公司，大幅縮小事業規模，重新開了一家同名的小公司，經營也不事必躬親了。

如果我當時繼續硬撐，後果只怕不堪設想，老莊思想對我們的人生確實有幫助。

指引35

不如意的事情也該好好面對

本章的最後，我們來讀另一則「柔弱勝剛強」的至理吧。老子的「第七十八章」中，開宗明義就說：

天下莫柔弱於水。

意為：「世上沒有比水更柔軟的東西。」

這一點我們之前也介紹過，老子不斷告訴我們，像水一樣柔軟的東西才是最強大的。接下來老子又說：

「水看似柔弱，卻可擊破堅勝金鐵的東西。其外形變幻自在，對手無不受到翻弄。」

此外老子認為，柔弱勝剛強是人盡皆知的道理，真正實行的人卻少之又少。

「弱之勝強，柔之勝剛。」

我們千萬不能忘了這個道理。

保持公平無私的態度待人處事。

「第七十八章」也描述了一國之主，該有的「柔軟身段」為何。下一段話，可以當作勸戒元首的進言：

受國之垢，是謂社稷主；受國不祥，是為天下王。

「社稷」一詞也許大家並不熟悉。「社」是土地之神，「稷」是穀物之神，社稷一詞在中國古籍裡經常出現。

順帶一提，伊勢神宮的內宮是「社」，外宮則是「稷」。換言之，國家要治理得平順，得好好敬奉土地和穀物之神。

掌握江山社稷的人，要甘心承受「國之垢」才行。再者，天下之王也不會推卸「國之不祥」。組織難免有一些不好的事情對吧？例如或大或小的弊病，以及意外的災害等等。虛心承認這些壞事，也是領袖的義務。

「清濁並存」滿接近這種意境吧。當然，我個人不太喜歡這句話。換言之，老子奉勸領袖要有寬宏大度。

一有好事就歡天喜地、居功自傲；一有壞事就推卸責任、裝聾作啞、粉飾太平。這是最失職的領導者。

這種人只想表現出堅強完美的一面，根本一點也不柔軟。

下面這句名言，替「第七十八章」做出了總結：

正言若反。

看到這裡，各位也都注意到了吧。《老子》一書中有許多反喻，這句話也是如此。

「正確的事物，往往違背世間常理。」

老子反覆告誡我們：

「我們不妨反向思考，來看待常識中的善與惡，這樣才能見到真實。」

「不要區分善惡，要懂得接受事物最真實、原始的一面。」

這才是老子想告訴我們的道理。

撇開成見和私人情感，以公平無私的態度對待事物，老子在提倡這個道理的重要性。比起被常識束縛，這樣才能獲得更多樣的價值觀，開拓自由的思想或行動方式。

各位，如果你們在日常生活中產生負面的情感，或是煩惱自己遠比別人不幸，那麼不妨試著放空心靈。接受現實，找出隱藏在常識中的真理，才是打破現狀的契機。

第六篇

心境的無言

——以高人的領域為目標

指引36

成為「絕對自由」的「高人」

據說《論語》之中，有一句話算是孔子的自敘：「吾十有五而志於學，三十而立、四十而不惑……」（為政第二之四）這句話相當有名。

我們也從中看出，孔子持續治學的目標是什麼：

七十從心所欲，而不逾矩。

「自由奔放、順從欲望而生，卻又不會給周圍添麻煩，做出有失人道的事情，我達到了這樣的境界。」

一般來說，自由奔放的人往往自私擾民。不過孔子持續治學，掌握了自由生活的訣竅，又不失高潔的人品和社會性。

我認為孔子達成的目標，也是人生中「一種成功的型式」。為何要提到孔子呢？因為他和老莊思想的其中一個目標是相通的。

那個目標我稱為「絕對自由的境地」。我在「前言」中說過，用清明的視野反思人生，過著隨心所欲的愉快生活，正是「絕對自由的境地」。

「市中山居」象徵的也是這種境界——我之前說過，身處欲望橫流的人世，保有一個寧靜自處的空間是很重要的。換言之，這是心靈的問題，和自己所處的環境或狀況無關，我們要自由自在生活，不受外務纏擾。老莊思想把這種境界視為一大目標。

其實老莊思想還有另一個目標，應該說「絕對自由的境地」包含了另一個目標。那便是「高人的領域」了。

人生在世，要坦然面對苦難來砥礪自己，才能在卓越成長中獲得這種境地。達到「高人的領域」，我們便可接受現實，過著隨心所欲的愉快生活了。

我個人認為，人生是要幫助我們卓越成長而存在的。長壽之人約有百年壽元，在這段時間裡窮究某個分野或生活方式，達到「高人的領域」，徜徉在「絕對自由的境地」之中。我想這才是人生的妙趣。

當然，達到這樣的境地之前，生活必定多有磨難。一提到老莊思想，大家都會想到「無為、自然、不爭」等字眼，以為那是不必飽嘗辛酸的意思，事實並不然。

確實，老莊思想提倡「從各種束縛中解放，放鬆心靈」，不過，那不是叫我們「懶散怠惰地生活」。而是要我們遵從內心的渴望，成就堪比大道的豐功偉業，成為一位高人。

達成這種領域並不容易，我們得面對各種麻煩，經歷無數的失敗和挫折，才會慢慢接近目標。可是，相信未來有「絕對自由的境地」，苦難也就不再是苦難了，反而是值得期待的趣事。

苦難才是轉機

我一直很關注鈴木一朗，在我眼中他是老莊思想的實踐者。我猜他是以「絕對自由的境地」為目標，才有辦法持續進行苦行僧一般的鍛鍊。不停鍛鍊和鑽研技術，在旁人眼中是非常辛苦的事情。然而，他似乎樂在其中。

不消說，他一定也多次遇上瓶頸。尤其剛到大聯盟時，他曾經很煩惱自己在日職的經驗派不上用場。

「蠻幹不是辦法，是否有更有效的手段？」

幾經苦思後，他想出的「中斷法」正是其中一個有效的手段。

當對方投手來勢洶洶，打算正面對決的時候，他會先暫時退出打擊區域。這樣一來投手必須重新準備，下次投球時勢必力量下滑，投出偏弱球路的機會也比較高，屆時再抓準機會重砲一轟。雖然只是微不足道的小事，但精準打斷對方的時機，成為他極大的助力。這也是致勝的訣竅。

另外，一朗發現柔軟的架勢、靈活的頭腦、專攻對方的守備破綻……這些也是強而有力的武器。最終他成為大聯盟屈指可數的優秀選手，這是非常符合老莊思想的成功模式。

在美國舞台發揮不了原本的技術，他找出了不靠蠻力硬幹的手法，經過巧妙應用後奪得勝利。這種「一朗模式」不禁帶給我一個感想，也許這很有可能成為日本在世界嶄露頭角的典型範例吧。

要達到「高人的領域」並不是一件輕鬆的事情。就這層意義來說，年輕時隨著世俗的欲望奔波也未嘗不可。

因為這樣做必定會遇到瓶頸，陷入失勢和煩惱的時期。當我們面對不利的局面，改用老莊的觀念來思考，就會發現自己的問題。

「我太過火了。」

「我太強硬了。」

「我聰明反被聰明誤了。」

「我太逞強了。」

如此，我們才能修正人生軌道，往「高人的領域」邁進。

所以就算遇到痛苦的瓶頸，只要當成邁向目標的必經過程就好。一旦發生問題，你不妨這麼思考：

「好啊！我又朝高人的領域邁進一步了。」

這反而是一件值得高興的事情。

就一般常識來說，遠離痛苦或不利的局面才是正道。不過，老莊思想的觀點認為，那才是絕佳的良機。

鈴木一朗在打擊熄火時，也經歷了寢食不安的煩惱，但他依然保持開朗的態度。這也就是「好啊！我又朝高人的領域邁進一步」的心境。

因此，要正面解決問題，不要想著迴避。徹底翻轉自己的思考，苦思解決的策略吧。這麼做才能自我提升，就當成是「苦中作樂」就行了。

指引 37

人生就是不斷面對變化的挑戰

《老子》一書的正式名稱是《道德經》，但不該以道德倫理來解釋。當中「安生養育」的意義十分濃厚，我們當理解為「創造價值」的重要性。

舉個例，被喻為「日本資本主義之父」的澀澤榮一，從幕末到大正時期經營各種事業，提倡了「道德‧經濟一元論」。他的意思是「經營必須重視道德與倫理」，同時也表示「經濟的目的在於創造價值」。

老子在「第五十一章」說：

道生之，德畜之，物形之，勢成之。

「之」意為自己或他人，泛指一切有生命的事物。「之」生於「道」，接受了德的培養，我說道德是「安生養育」，指的正是這個部分。

萬物經過誕生和培養，逐漸有明確的形體，順從自然之力各司其掌，世界就是這樣成形的。這亦是我們之前提過的「生生化育」。

因此，老子說：「萬物莫不尊道而貴德。」萬物尊重「道」，敬奉「德」。更詳盡地說：「也許你認為自己是獨自誕生、獨自成長的，但人類沒有那麼了不起。我們生於道，受到德的培育才得以存在，要這樣想才行。」

老子接著又說：

「道與德之所以尊貴，是它們順其自然地『安生養育』，並未受人指使。道生萬物，提供養育，使之成熟，給予培養和庇護。這種力量在宇宙中不斷發揮作用。」

老子不厭其煩地解釋，最後言明：

生而不有，為而不恃，長而不宰，是謂玄德。

「道的能力如此偉大，卻不曾把自己誕生的東西據為己有，也不會依賴。更沒想過在萬物茁壯後厲行支配，這便是所謂的玄德。」

要接受變化

「第五十一章」值得關注的地方，在於「道」總是默默地達成豐功偉業。一般來說，人類達成一項偉業，大概就止步不前了。立於頂點是一件很爽快的事情，成功的人無不戀棧權位。

不過，最終目標真的是戀棧權位嗎？我們再舉鈴木一朗的例子吧。

鈴木一朗在二〇一〇年，達成大聯盟史上第一個「十年連續兩百支安打」的偉業。有人問他：「你是如何持續努力十年，創造這樣的新紀錄呢？」他的回答如下：

「我一旦達成紀錄站上頂點，馬上又找到了下一個目標。」

他一攀上高峰，馬上又找到了另一座山頭。其實，也不應該說馬上。他站上頂點時，也是有好好品嘗滿足感的吧，但他戀棧的時間並不久。

畢竟，品嘗完滿足感他又看到了新的高峰，已經不是戀棧的時候了。所以，他才能一直面對新的課題，持續往上攀升。

更進一步解釋，他要不斷挑戰新的高峰，就得不斷變革才行。而且要隨著自身的年齡增長而變化，這種情況下，適用的就是「陰陽調和」的觀念。

鈴木一朗沒有埋頭苦幹，他磨練出了突破目標的技術，用精神力彌補肉體的衰退，保持著陰陽平衡一路挑戰，這些層面很符合老莊思想。

重點在於接受變化、因應變化，思考和鑽研保持平衡的方式。這麼做，就會知道該如何自處了。

依我觀察，鈴木一朗在練習和比賽中，無時無刻都在確認如何自處。

例如他一進入打擊區，不是會擺出特殊動作，立起球棒伸直手臂嗎？那樣做的用意，是在測試自己的意識究竟有多冷靜。

同時，他用球棒對準投手，若姿勢不穩則判斷自己尚未冷靜。他會先退出打擊區，重整好精神後再對準投手一次。萬一還是不行，他就再暫停一次。通常兩次就沒問題了，他絕不在衝動的狀況下和投手對決。

守備時，他時常偷看右手邊的方向。有人說，他在對冷嘲熱諷的觀眾怒目相向，其實不是這樣的。他是以某種東西為基準，確認那樣東西在視野中是否有偏頗。我想，那終究是測試精神狀態的手段。

在上場守備之前，如果打了一支適時安打或逆轉全壘打，即便是以冷靜著稱的鈴木一朗也難免志得意滿。反之，沒有抓準機會上壘或盜壘失敗，他也會感到失落。因此，他在上場守備時，要測試自己的心是否還很介意之前的失敗。

常保冷靜，凡事不會一喜一憂，我們要學習鈴木一朗時常確認自身狀態。

邁向高人的境地

綜觀以上幾個論述，「第五十一章」主要有兩大要點：

其一，大道從太古以來，就主動進行「生養萬物的偉大工作」。同理，我們人類的挑戰也是永無止盡的。當我們完成一項工作站上頂點，就得找出另一個新的高峰。

其二，大道總是冷靜完成偉業，沒有衝動忘我。同樣的，我們人類在任何情況下都該保持冷靜，不要一喜一憂，要好好思考如何自處。

這兩大訊息，也可以說是達到「高人領域」的生活方式。

指引38

追求「普通」就是王道

鈴木一朗很看重「普通」這個字眼。前面提過，他在打擊或守備時的習慣動作，也是用來測試精神狀態是否普通的手段。

能否保持普通，才是邁向「高人領域」的第一步。

莊子也在「養生主第三」說「普通才是王道」。我們來看看開頭的文章吧：

吾生也有涯，而知也無涯。

「我的人生有限，知識卻是無限的。」

莊子以理所當然的事實破題，接著用他特有的方式說明：

以有涯隨無涯，殆已；已而為知者，殆而已矣。

「以有限的生命追求無盡的事物，是一件很疲憊的事情。明知如此還不斷追求的人，最終只會落得疲憊的人生。」

按字面上的意思來看，這是對探究知識的強烈諷刺。其實他真正想說的是「為何不追求對自己真正重要的真理？」

之後，莊子說「普通」才是王道：

為善無近名，為惡無近刑，緣督以為經，可以保身，可以全生，可以養親，可以盡年。

棄惡離善、超越善惡是莊子的思考方式。因此，這句話是說：「不要做善事博取功名，也不要做壞事而受刑罰」的意思。那麼，什麼才叫妥當呢？莊子認為「督」才算妥當，也就是以善惡之間的「平凡」為基準才是最好的。度過普通的生活和人生，孝順父母安養天年，這才是最重要的事情。

不需要「蠻力」

再來我們要談到「庖」，亦即廚師丁先生的寓言故事。日文的菜刀又稱為「包丁」，便是源自這個故事，我替各位介紹一下大略內容：

有一次廚師丁先生，在魏王文惠君面前剖牛。他的動作非常優美，剝皮去肉時的聲響猶如音樂一般，文惠君讚歎地說：

「想不到你的料理技術這麼高超啊！」

丁先生對「技術之說」頗有微辭，他回答：

「我修習的是道，技術反倒是其次。剛開始支解牛隻的頭三年，我眼中看到的純粹是一頭牛。不過，現在我支解時是用心來感受牛的身體。手勢自然游走牛隻之間，刀刃直接切入肉的紋理，也不會碰到骨頭。

號稱高手的廚師，每年至少要換一把菜刀，差勁的廚師每個月就要換一把。因為他們切到骨頭，導致刀刃折損。我十九年都用同一把菜刀，支解的牛不下數千頭，刀刃依舊是鋒銳無比。

話雖如此，我在切牛筋集中的地方時，遇上困難的部位也難掩焦躁。這時我勸自己要慎重行動，以緩慢的動作微妙操作菜刀。等肉和骨頭發出輕脆的聲音分離後，我獲得一種難以言喻的喜悅，好想大喊萬歲呢。」

聽了這段話的文惠君，感嘆地說：「我終於領悟養生的方法，以及該如何過上美好的人生了。」

這個寓言故事的重點有三個：

一，不要依賴視覺，要憑心感悟來發揮卓越的技術，達到這種境界才算是高人。這一過程是在學習如何感受不可見、不可聞、不可觸及的大道意志，把自己推向更高的領域。

鈴木一朗也說過類似的見解：

「用眼睛追尋投手的動作是不行的，要用身體和心來感受投手的動作，才能隨心所欲地打擊。」

要掌握卓越的技術，必須不斷去感悟「道」，而不是光靠小聰明。

第二點是，高人不依靠「蠻幹」的方式。高人懂得利用自然的力量，就好比丁先生精準切入肉的紋理一般。

鈴木一朗在跑壘時，一旦跑過二壘就會利用慣性來奔跑。像這樣利用自然之力，即可快速衝回本壘得分。

另外，相撲的橫綱力士白鵬也說：「最佳狀態時的獲勝方式，是在無意間站上擂台，在無意間抓住對手，在無意間扔出對手，然後對手在無意間摔下擂台。明明沒有刻意用力，身體卻自然行動，大家也說這是很了不起的勝利。」

我對白鵬雖然不甚熟悉，但一位解說相撲三十餘年的朋友說了他的事跡，讓我深感他也是老莊思想的實踐者。

也許稍微離題了吧，總之我認為白鵬的厲害之處在於，他的身體非常柔軟。通常對手出掌推擠的時候，一般人都會被撞飛出去，而白鵬有辦法吸收他人的推擠力。

簡單說，正因他的身體極為柔軟，推擠力才會被吸收。這也許是與生俱來的素質，然而聽說他剛入門時只有七十公斤。在增重的過程中，他創造出了無與倫比的柔軟肉體。

這就是老莊思想中的「柔弱勝剛強」。

如何保持心靈「普通」

回到主題吧。第三個重點是，克服了「細部」的課題後，往高人的領域又更進一步了。就算技術再怎麼高超，細部仍舊有些不完善的地方。高人特別喜歡挑戰「細部」課題，持續突破難關。

這就跟前面說的「到達頂點後，馬上找到另一個新頂點」是一樣的，而這也是鈴木一朗不斷實踐的目標。

順從心靈的感悟，捕捉細部的知覺而行動，保持心靈「普通」是很重要的。

重視「普通」的不光只有鈴木一朗，將棋高手羽生善治也是如此。當他達成史上第一個七冠王的偉業時，他說：

「花上十年、二十年、三十年，以相同的態度和熱忱努力，這就是我的才能吧。」

而這也正是「普通」的至理。

我們以為高人都在追求卓越的技術，沒想到他們追求的竟然是「普通」，真是一件有趣的事情。我想，這便是達到「高人領域」的一大關鍵吧。

指引39

把自己的領悟散播出去

追求「絕對自由的境地」和「高人的領域」，給人一種「自私自利」的印象對吧？

不過《老子》一書也闡明了「為人為己」的真理。在「第五十四章」中，老子說度過以道為本的人生，後代子孫也會承受「道」的庇蔭和教誨。

換言之，修習「道」對歷史也是有貢獻的。下面一段文字告訴我們，修習「道」能帶來一個多麼美好的世界。

修之於身，其德乃真；修之於家，其德乃餘；修之於鄉，其德乃長；修之於國，其德乃豐；修之於天下，其德乃普。

「之」是指「道」的意思。修持大道於己身，則德性明確。擁有「道」與「德」的「真人」組成家庭，其德性有餘。同理，修持大道的人愈多，村子和國家充滿德，天下就成了充滿德性的天下。這段話是告訴我們，每個人都修習大道的話，德性將遍及社會。

因此，個人修「道」不僅十分重要，也具有社會上的意義。

老子說，從個人、家庭、村落、國家、天下的狀況，即可看出大家是否「悟道」。至於該如何悟呢？他在開頭的文字表示：

善建者不拔，善抱者不脫。

這就好比穩固蓋在地面上的建築物，絕對無法拔除；緊緊抱在胸口的東西，也不可能掉下來一樣。我們要反省自己是否真正悟道，不再受任何事物的影響。

這是判斷自己是否體悟和實踐「道」的基準。

請大家別忘了，達到「絕對自由的境地」和「高人的領域」絕非一己之私，也是為世間和其他人做出貢獻。

美妙的生活方式透過眾人默默實踐，自然會傳遍天下。

指引40

平靜自由地生活

愉快安穩地長生——相信大家這輩子，除此之外別無所求了吧。

更何況，老莊思想的目標「絕對自由的境地」和「高人領域」必需長生才能達成。過程雖然充滿艱辛，達成後「隨心遨遊」的生活便指日可待了。痛苦不再是痛苦，心情不再受到影響，每天都過得非常愉快。

幸好現今日本是個「長壽社會」，也稱得上是美妙的社會。然而，現實中長壽成了一種延續痛苦的懲罰，不少人都希望快點死去。最大的原因是，他們找不出「生活的樂趣」。

要避免這種狀況，享受長壽和生活的樂趣，學習老莊思想是很有意義的。老莊思想必能幫助我們擺脫世俗的常識、價值觀、欲望，窮究自己喜歡的領域，獲得隨心所欲的自由。這才是活著的喜悅吧？

被人嘲笑沒什麼不好

最後，老子用最直接的方式，闡明其思想中最重要的概念「道」。我們來看「第四十一章」的開頭吧，已學過老莊思想的各位，肯定一看就明白。

上士聞道，勤而行之；中士聞道，若存若亡；下士聞道，大笑之。不笑，不足以為道。

這裡用上士、中士、下士，來說明對待「道」的不同態度。

上士一聽聞「道」的存在，便以這個宇宙的根源為榜樣。中士覺得「道」若有似無，抱著半信半疑的態度，沒有去追求「道」。最糟糕的下士則嘲笑「道」沒有任何用處，想必下士的想法如下：

「了解『道』又沒辦法當飯吃，這個世界太現實了。競爭如此激烈，大家爭先恐後搶奪財富，相信『道』也活不下去啊。」

老子機智反駁下士的態度，他說：

「沒有被人嘲笑，就算不上實踐道。了解『道』的人會有違反常識的想法和行為，也難怪會被世人當成『怪人』了。」

剛讀本書的讀者，大概有不少人抱持下士的看法吧。不過，現在又如何呢？或許大家都有勇於被笑的氣概了吧？

之後，老子又用特有的反思論述人生，我來替各位介紹一下：

明道若昧，進道若退，夷道若纇，上德若谷，大白若辱，廣德若不足，建德若偷，質真若渝，大方無隅，大器晚成，大音希聲，大象無形，道隱無名。夫唯道，善貸且成。

「夷道」是平坦的道路，「纇」是不平的意思。「大白」則是純白。「建德」是明確的德性，「偷」是虛幻之意，「質真」是不變的事實，「渝」是容易改變的事物。

各位大約看得懂吧？老莊思想是用來感悟的，就算大家不懂確切的意思，也能感受到當中的美妙。

前面介紹了那麼多段落，我建議各位實際朗誦出來。文言文唸久了，自然會在腦海留下深刻的印象。

希望各位看了本書後，能閱讀《老子》和《莊子》的全文，去體悟無形、無聲、無實的「道」，以「絕對自由的境地」和「高人領域」為目標，度過愉快平穩的長壽人生。

後記

繼《論語的一言》出版之後，本書是以「田口佳史釋疑中國古典『老莊思想』」的連續課程為基礎撰寫而成的。

現在回想起這個課程，仍舊令人雀躍不已，真是十分受用。

尤其學生的態度非常良好。

大家對課程抱有高度的期待和參加意願，不光是單純來聽課而已。他們積極發言提問，彷彿把自己當成背負使命的思想傳承者。六次的課程，每次都享受到知識的樂趣。

其實在一開始，與會者也多有反駁。反駁的人表示：「老子說的只是理想，一般人根本無法這麼達觀。」「在追求成果的競爭社會裡，現代人無不活得膽戰心驚，採用老莊思想的生活方式也未免太格格不入了吧？」但隨著他們深入解讀老莊思想，態度也有了轉變。

「我們懂得讓心靈遨遊的重要性了。」「我不但主動脫離了現狀的困境，也想踏上高人的領域來個苦中作樂。」「過去我常被俗世的價值觀束縛，現在感覺自己放鬆了，思考也變得特別靈活柔軟。」我想，他們都找到了善用老莊思想過活的方法吧。

看著學生慢慢接近老莊思想闡述的「無」，我身為一個講師真是十分感動。老子學說的真髓，是潛藏在遙遠宇宙中的「空寂感」。東京最先進的大樓教室，彷彿有那麼一刻化為了浩瀚的宇宙空間。

有幸獲得了難得的體驗，我要向每一位學生致上最誠摯的謝意。

同時，我也要鄭重感謝熱心參與課程、帶領全體受講生的城取一成和湯川真理小姐。

一本書問世要耗費不少心力，光文社的槌谷昭先生和千葉潤子小姐的協助，也是功不可沒的。

再次感謝大家。

田口佳史
於祖師谷的玄妙館

本書是以城市學園「agora」開設的講座「田口佳史釋疑中國古典『老莊思想』二〇一〇年四月二十日到七月六日・全六次」為基礎，重新構成編撰的。

附錄

《老子道德經》

上篇

第一章

道可道，非常道。名可名，非常名。無名天地之始，有名萬物之母。故常無欲，以觀其妙；常有欲，以觀其徼。此兩者同出而異名，同謂之玄，玄之又玄，衆妙之門。

第二章

天下皆知美之為美，斯惡已。皆知善之為善，斯不善已。故有無相生，難易相成，長短相較，高下相傾，音聲相和，前後相隨。是以聖人處無為之事，行不言之教；萬物作焉而不辭，生而不有，為而不恃，功成而弗居。夫唯弗居，是以不去。

第三章

不尚賢，使民不爭；不貴難得之貨，使民不為盜；不見可欲，使民心不亂。是以聖人之治，虛其心，實其腹，弱其志，強其骨。常使民無知無欲。使夫智者不敢為也。為無為，則無不治。

第四章

道沖而用之或不盈，淵兮似萬物之宗；挫其銳，解其紛，和其光，同其塵，湛兮似或存。吾不知誰之子，象帝之先。

第五章

天地不仁，以萬物為芻狗；聖人不仁，以百姓為芻狗。天地之間，其猶橐籥乎？虛而不屈，動而愈出。多言數窮，不如守中。

第六章

谷神不死，是謂玄牝。玄牝之門，是謂天地根。綿綿若存，用之不勤。

第七章

天長地久。天地所以能長且久者，以其不自生，故能長生。是以聖人後其身而身先；外其身而身存。非以其無私邪，故能成其私。

第八章

上善若水。水善利萬物而不爭，處眾人之所惡，故幾於道。居善地，心善淵，與善仁，言善信，正善治，事善能，動善時。夫唯不爭，故無尤。

第九章

持而盈之，不如其已；揣而梲之，不可長保。金玉滿堂，莫之能守；富貴而驕，自遺其咎。功成身退，天之道也。

第十章

載營魄抱一，能無離乎？專氣致柔，能嬰兒乎？滌除玄覽，能無疵乎？愛國治民，能無知乎？天門開闔，能為雌乎？明白四達，能無為乎？生之，畜之。生而不有，為而不恃，長而不宰，是謂玄德。

第十一章

三十輻，共一轂，當其無，有車之用。埏埴以為器，當其無，有器之用。鑿戶牖以為室，當其無，有室之用。故有之以為利，無之以為用。

第十二章

五色令人目盲，五音令人耳聾，五味令人口爽，馳騁畋獵令人心發狂，難得之貨令人行妨。是以聖人為腹不為目，故去彼取此。

第十三章

寵辱若驚，貴大患若身。何謂寵辱若驚？寵為下，得之若驚，失之若驚，是謂寵辱若驚。何謂貴大患若身？吾所以有大患者，為吾有身，及吾無身，吾有何患？故貴以身為天下，若可寄天下；愛以身為天下，若可託天下。

第十四章

視之不見名曰夷，聽之不聞名曰希，摶之不得名曰微。此三者，不可致詰，故混而為一。其上不皦，其下不昧。繩繩不可名，復歸於無物。是謂無狀之狀，無物之象，是謂惚恍。迎之不見其首，隨之不見其後。執古之道，以御今之有。能知古始，是謂道紀。

第十五章

古之善為士者，微妙玄通，深不可識。夫唯不可識，故強為之容：豫兮若冬涉川，猶兮若畏四鄰，儼兮其若客，渙兮若冰之將釋，敦兮其若樸，曠兮其若谷，渾兮其若濁。孰能濁以靜之徐清？孰能安以久動之徐生？保此道者不欲盈，夫唯不盈，故能蔽不新成。

第十六章

致虛極，守靜篤。萬物並作，吾以觀復。夫物芸芸，各復歸其根。歸根曰靜，是曰復命。復命曰常，知常曰明。不知常，妄作凶。知常容，容乃公，公乃王，王乃天，天乃道，道乃久，沒身不殆。

第十七章

大上，下知有之，其次親而譽之，其次畏之，其次侮之。信不足焉，有不信焉。悠兮其貴言，功成事遂，百姓皆謂我自然。

第十八章

大道廢，有仁義；智慧出，有大偽；六親不和，有孝慈；國家昏亂，有忠臣。

第十九章

絕聖棄智，民利百倍；絕仁棄義，民復孝慈；絕巧棄利，盜賊無有。此三者以為文不足，故令有所屬：見素抱樸，少私寡欲。

第二十章

絕學無憂，唯之與阿，相去幾何？善之與惡，相去若何？人之所畏，不可不畏。荒兮其未央哉！眾人熙熙，如享太牢，如春登臺。我獨泊兮其未兆，如嬰兒之未孩；儽儽兮，若無所歸。眾人皆有餘，而我獨若遺。我愚人之心也哉！沌沌兮，俗人昭昭，我獨若昏。俗人察察，我獨悶悶。澹兮其若海，飂兮若無止。眾人皆有以，而我獨頑似鄙。我獨異於人，而貴食母。

第二十一章

孔德之容，惟道是從。道之為物，惟恍惟惚。惚兮恍兮，其中有象；恍兮惚兮，其中有物。窈兮冥兮，其中有精；其精甚真，其中有信。自今及古，其名不去，以閱眾甫。吾何以知眾甫之狀哉？以此。

第二十二章

曲則全，枉則直，窪則盈，敝則新，少則得，多則惑。是以聖人抱一為天下式。不自見故明，不自是故彰，不自伐故有功，不自矜故長。夫唯不爭，故天下莫能與之爭。古之所謂曲則全者，豈虛言哉！誠全而歸之。

第二十三章

希言自然。故飄風不終朝，驟雨不終日。孰為此者？天地。天地尚不能久，而況於人乎？故從事於道者，道者同於道，德者同於德，失者同於失。同於道者，道亦樂得之；同於德者，德亦樂得之；同於失者，失亦樂得之。信不足焉，有不信焉。

第二十四章

企者不立，跨者不行，自見者不明，自是者不彰，自伐者無功，自矜者不長。其在道也，曰餘食贅行。物或惡之，故有道者不處。

第二十五章

有物混成，先天地生。寂兮寥兮，獨立而不改，周行而不殆，可以為天下母。吾不知其名，字之曰道，強為之名，曰大。大曰逝，逝曰遠，遠曰反。故道大，天大，地大，王亦大。域中有四大，而王居其一焉。人法地，地法天，天法道，道法自然。

第二十六章

重為輕根，靜為躁君。是以聖人終日行不離輜重。雖有榮觀，燕處超然。奈何萬乘之主，而以身輕天下？輕則失本，躁則失君。

第二十七章

善行無轍迹，善言無瑕讁；善數不用籌策；善閉無關楗而不可開，善結無繩約而不可解。是以聖人常善救人，故無棄人；常善救物，故無棄物，是謂襲明。故善人者，不善人之師；不善人者，善人之資。不貴其師，不愛其資，雖智大迷，是謂要妙。

第二十八章

知其雄，守其雌，為天下谿。為天下谿，常德不離，復歸於嬰兒。知其白，守其黑，為天下式。為天下式，常德不忒，復歸於無極。知其榮，守其辱，為天下谷，常德乃足，復歸於樸。樸散則為器，聖人用之，則為官長，故大制不割。

第二十九章

將欲取天下而為之，吾見其不得已。天下神器，不可為也，為者敗之，執者失之。故物或行或隨，或歔或吹。或強或羸，或挫或隳。是以聖人去甚，去奢，去泰。

第三十章

以道佐人主者，不以兵強天下。其事好還。師之所處，荊棘生焉。大軍之後，必有凶年。善者果而已，不以取強。果而勿矜，果而勿伐，果而勿驕。果而不得已，果而勿強。物壯則老，是謂不道，不道早已。

第三十一章

夫佳兵者，不祥之器，物或惡之，故有道者不處。君子居則貴左，用兵則貴右。兵者不祥之器，非君子之器，不得已而用之，恬淡為上。勝而不美，而美之者，是樂殺人。夫樂殺人者，則不可以得志於天下矣。吉事尚左，凶事尚右。偏將軍居左，上將軍居右，言以喪禮處之。殺人之眾，以哀悲泣之，戰勝，以喪禮處之。

第三十二章

道常無名，樸雖小，天下莫能臣也。侯王若能守之，萬物將自賓。天地相合，以降甘露，民莫之令而自均。始制有名，名亦既有，夫亦將知止，知止所以不殆。譬道之在天下，猶川谷之於江海。

第三十三章

知人者智，自知者明。勝人者有力，自勝者強。知足者富。強行者有志，不失其所者久，死而不亡者壽。

第三十四章

大道氾兮，其可左右。萬物恃之而生而不辭，功成不名有。衣養萬物而不為主，常無欲，可名於小；萬物歸焉而不為主，可名為大。以其終不自為大，故能成其大。

第三十五章

執大象，天下往。往而不害，安平太。樂與餌，過客止。道之出口，淡乎其無味，視之不足見，聽之不足聞，用之不可既。

第三十六章

將欲歙之，必固張之；將欲弱之，必固強之；將欲廢之，必固興之；將欲奪之，必固與之。是謂微明。柔弱勝剛強。魚不可脫於淵，國之利器不可以示人。

第三十七章

道常無為而無不為。侯王若能守之，萬物將自化。化而欲作，吾將鎮之以無名之樸。無名之樸，夫亦將無欲。不欲以靜，天下將自定。

下篇

第三十八章

上德不德，是以有德；下德不失德，是以無德。上德無為而無以為；下德為之而有以為。上仁為之而無以為；上義為之而有以為。上禮為之而莫之應，則攘臂而扔之。故失道而後德，失德而後仁，失仁而後義，失義而後禮。夫禮者，忠信之薄，而亂之首。前識者，道之華，而愚之始。是以大丈夫處其厚，不居其薄；處其實，不居其華。故去彼取此。

第三十九章

昔之得一者，天得一以清，地得一以寧，神得一以靈，谷得一以盈，萬物得一以生，侯王得一以為天下貞。其致之，天無以清將恐裂，地無以寧將恐發，神無以靈將恐歇，谷無以盈將恐竭，萬物無以生將恐滅，侯王無以貴高將恐蹶。故貴以賤為本，高以下為基。是以侯王自稱孤、寡、不穀。此非以賤為本邪？非乎？故致數輿無輿，不欲琭琭如玉，珞珞如石。

第四十章

反者道之動，弱者道之用。天下萬物生於有，有生於無。

第四十一章

上士聞道，勤而行之；中士聞道，若存若亡；下士聞道，大笑之。不笑，不足以為道。故建言有之：明道若昧，進道若退，夷道若纇，上德若谷，大白若辱，廣德若不足，建德若偷，質真若渝，大方無隅，大器晚成，大音希聲，大象無形，道隱無名。夫唯道，善貸且成。

第四十二章

道生一，一生二，二生三，三生萬物。萬物負陰而抱陽，沖氣以為和。人之所惡，唯孤、寡、不穀，而王公以為稱。故物或損之而益，或益之而損。人之所教，我亦教之。強梁者不得其死，吾將以為教父。

第四十三章

天下之至柔，馳騁天下之至堅。無有入無間，吾是以知無為之有益。不言之教，無為之益，天下希及之。

第四十四章

名與身孰親？身與貨孰多？得與亡孰病？是故甚愛必大費，多藏必厚亡，知足不辱，知止不殆，可以長久。

第四十五章

大成若缺，其用不弊。大盈若沖，其用不窮。大直若屈，大巧若拙，大辯若訥。躁勝寒，靜勝熱。清靜為天下正。

第四十六章

天下有道，卻走馬以糞。天下無道，戎馬生於郊。禍莫大於不知足；咎莫大於欲得。故知足之足，常足矣。

第四十七章

不出戶，知天下；不窺牖，見天道。其出彌遠，其知彌少。是以聖人不行而知，不見而名，不為而成。

第四十八章

為學日益，為道日損。損之又損，以至於無為。無為而無不為。取天下常以無事，及其有事，不足以取天下。

第四十九章

聖人無常心，以百姓心為心。善者，吾善之；不善者，吾亦善之，德善。信者，吾信之；不信者，吾亦信之，德信。聖人在，天下歙歙，為天下渾其心，百姓皆注其耳目，聖人皆孩之。

第五十章

出生入死。生之徒，十有三；死之徒，十有三；人之生，動之死地，亦十有三。夫何故？以其生生之厚。蓋聞善攝生者，陸行不遇兕虎，入軍不被甲兵；兕無所投其角，虎無所措其爪，兵無所容其刃。夫何故？以其無死地。

第五十一章

道生之，德畜之，物形之，勢成之。是以萬物莫不尊道而貴德。道之尊，德之貴，夫莫之命而常自然。故道生之，德畜之。長之育之，亭之毒之，養之覆之。生而不有，為而不恃，長而不宰。是謂玄德。

第五十二章

天下有始，以為天下母。既得其母，以知其子，既知其子，復守其母，沒身不殆。塞其兌，閉其門，終身不勤。開其兌，濟其事，終身不救。見小曰明，守柔曰強。用其光，復歸其明，無遺身殃，是為習常。

第五十三章

使我介然有知，行於大道，唯施是畏。大道甚夷，而民好徑。朝甚除，田甚蕪，倉甚虛；服文綵，帶利劍，厭飲食，財貨有餘；是為夸盜。非道也哉！

第五十四章

善建者不拔，善抱者不脫，子孫以祭祀不輟。修之於身，其德乃真；修之於家，其德乃餘；修之於鄉，其德乃長；修之於國，其德乃豐；修之於天下，其德乃普。故以身觀身，以家觀家，以鄉觀鄉，以國觀國，以天下觀天下。吾何以知天下然哉？以此。

第五十五章

含德之厚，比於赤子。蜂蠆虺蛇不螫，猛獸不據，攫鳥不搏。骨弱筋柔而握固。未知牝牡之合而全作，精之至也。終日號而不嗄，和之至也。知和曰常，知常曰明。益生曰祥。心使氣曰強。物壯則老，謂之不道，不道早已。

第五十六章

知者不言，言者不知。塞其兌，閉其門，挫其銳，解其分，和其光，同其塵，是謂玄同。故不可得而親，不可得而疏；不可得而利，不可得而害；不可得而貴，不可得而賤。故為天下貴。

第五十七章

以正治國，以奇用兵，以無事取天下。吾何以知其然哉？以此。天下多忌諱，而民彌貧；民多利器，國家滋昏；人多伎巧，奇物滋起；法令滋彰，盜賊多有。故聖人云：「我無為而民自化，我好靜而民自正，我無事而民自富，我無欲而民自樸。」

第五十八章

其政悶悶，其民淳淳；其政察察，其民缺缺。禍兮福之所倚，福兮禍之所伏。孰知其極？其無正。正復為奇，善復為妖。人之迷，其日固久。是以聖人方而不割，廉而不劌，直而不肆，光而不燿。

第五十九章

治人事天，莫若嗇。夫唯嗇，是謂早服；早服謂之重積德；重積德則無不克，無不克則莫知其極；莫知其極，可以有國；有國之母，可以長久；是謂深根固柢，長生久視之道。

第六十章

治大國，若烹小鮮。以道莅天下，其鬼不神；非其鬼不神，其神不傷人；非其神不傷人，聖人亦不傷人。夫兩不相傷，故德交歸焉。

第六十一章

大國者下流，天下之交。天下之牝，牝常以靜勝牡，以靜為下。故大國以下小國，則取小國；小國以下大國，則取大國。故或下以取，或下而取。大國不過欲兼畜人，小國不過欲入事人。夫兩者各得其所欲，大者宜為下。

第六十二章

道者萬物之奧。善人之寶，不善人之所保。美言可以市，尊行可以加人。人之不善，何棄之有？故立天子，置三公，雖有拱璧以先駟馬，不如坐進此道。古之所以貴此道者何？不曰：以求得，有罪以免邪？故為天下貴。

第六十三章

為無為，事無事，味無味。大小多少，報怨以德。圖難於其易，為大於其細；天下難事必作於易，天下大事必作於細。是以聖人終不為大，故能成其大。夫輕諾必寡信，多易必多難。是以聖人猶難之，故終無難矣。

第六十四章

其安易持，其未兆易謀。其脆易泮，其微易散。為之於未有，治之於未亂。合抱之木，生於毫末；九層之臺，起於累土；千里之行，始於足下。為者敗之，執者失之。是以聖人無為故無敗，無執故無失。民之從事，常於幾成而敗之。慎終如始，則無敗事。是以聖人欲不欲，不貴難得之貨；學不學，復眾人之所過。以輔萬物之自然，而不敢為。

第六十五章

古之善為道者，非以明民，將以愚之。民之難治，以其智多。故以智治國，國之賊；不以智治國，國之福。知此兩者亦稽式。常知稽式，是謂玄德。玄德深矣，遠矣，與物反矣，然後乃至大順。

第六十六章

江海所以能為百谷王者，以其善下之，故能為百谷王。是以欲上民，必以言下之。欲先民，必以身後之。是以聖人處上而民不重，處前而民不害。是以天下樂推而不厭，以其不爭，故天下莫能與之爭。

第六十七章

天下皆謂我道大，似不肖。夫唯大，故似不肖。若肖，久矣其細也夫！

我有三寶，持而保之。一曰慈，二曰儉，三曰不敢為天下先。慈故能勇；儉故能廣；不敢為天下先，故能成器長。今舍慈且勇，舍儉且廣，舍後且先，死矣！夫慈以戰則勝，以守則固。天將救之，以慈衛之。

第六十八章

善為士者不武，善戰者不怒，善勝敵者不與，善用人者為之下，是謂不爭之德，是謂用人之力，是謂配天古之極。

第六十九章

用兵有言：「吾不敢為主而為客，不敢進寸而退尺。」是謂行無行，攘無臂，扔無敵，執無兵。禍莫大於輕敵，輕敵幾喪吾寶。故抗兵相加，哀者勝矣。

第七十章

吾言甚易知，甚易行。天下莫能知，莫能行。言有宗，事有君。夫唯無知，是以不我知。知我者希，則我者貴。是以聖人被褐懷玉。

第七十一章

知不知上，不知知病。夫唯病病，是以不病。聖人不病，以其病病，是以不病。

第七十二章

民不畏威，則大威至。無狎其所居，無厭其所生。夫唯不厭，是以不厭。是以聖人自知不自見；自愛不自貴。故去彼取此。

第七十三章

勇於敢則殺，勇於不敢則活。此兩者，或利或害。天之所惡，孰知其故？是以聖人猶難之。天之道，不爭而善勝，不言而善應，不召而自來，繟然而善謀。天網恢恢，疏而不失。

第七十四章

民不畏死，奈何以死懼之？若使民常畏死，而為奇者，吾得執而殺之，孰敢？常有司殺者殺，夫代司殺者殺，是謂代大匠斲，夫代大匠斲者，希有不傷其手矣。

第七十五章

民之饑，以其上食稅之多，是以饑。民之難治，以其上之有為，是以難治。民之輕死，以其求生之厚，是以輕死。夫唯無以生為者，是賢於貴生。

第七十六章

人之生也柔弱，其死也堅強。萬物草木之生也柔脆，其死也枯槁。故堅強者死之徒，柔弱者生之徒。是以兵強則不勝，木強則兵。強大處下，柔弱處上。

第七十七章

天之道，其猶張弓與？高者抑之，下者舉之；有餘者損之，不足者補之。天之道，損有餘而補不足。人之道則不然，損不足以奉有餘。孰能有餘以奉天下，唯有道者。是以聖人為而不恃，功成而不處，其不欲見賢。

第七十八章

天下莫柔弱於水，而攻堅強者莫之能勝，其無以易之。弱之勝強，柔之勝剛，天下莫不知莫能行。是以聖人云：「受國之垢，是謂社稷主；受國不祥，是為天下王。」正言若反。

第七十九章

和大怨，必有餘怨，安可以為善？是以聖人執左契，而不責於人。有德司契，無德司徹。天道無親，常與善人。

第八十章

小國寡民。使有什伯之器而不用，使民重死而不遠徙。雖有舟輿，無所乘之，雖有甲兵，無所陳之。使人復結繩而用之，甘其食，美其服，安其居，樂其俗。鄰國相望，雞犬之聲相聞，民至老死，不相往來。

第八十一章

信言不美，美言不信。善者不辯，辯者不善。知者不博，博者不知。聖人不積，既以為人己愈有，既以與人己愈多。天之道，利而不害；聖人之道，為而不爭。

人生無言時讀老子
在人生轉捩點，老莊思想給你的40則新指引

作　　者　田口佳史
譯　　者　葉廷昭
社　　長　陳蕙慧
副 社 長　陳瀅如
主　　編　劉偉嘉
校　　對　魏秋綢
封面設計　萬勝安
內頁排版　謝宜欣

出　　版　木馬文化事業股份有限公司
發　　行　遠足文化事業股份有限公司(讀書共和國出版集團)
　　　　　231新北市新店區民權路108-4號8樓
電　　話　（02）22181417
傳　　真　（02）22180727
電子信箱　service@bookrep.com.tw
郵撥帳號　19588272木馬文化事業股份有限公司
客服專線　0800-221-029
法律顧問　華洋法律事務所 蘇文生律師
印　　刷　成陽印刷股份有限公司
初　　版　2016年6月
初版14刷　2023年10月

定　　價　300元
I S B N　987-986-359-247-1

人生無言時讀老子：在人生轉捩點，老莊思想給你的 40 則
新指引／田口佳史著；葉廷昭譯 . -- 初版 .
-- 新北市：木馬文化出版：遠足文化發行，2016. 06
面；　公分 . --（advice ; 38）
譯自：老子の無言：人生に行き詰ったときは老思想
ISBN 978-986-359-247-1（平裝）
1. 老莊哲學 2. 人生哲學

121.3　　105006888